W0361688

MOBIL & AKTIV ERLEBEN

WOHNMOBIL-REISEFÜHRER

Markgräflerland

Tipps für Ihre Kurzreise
aus der Praxis, für die Praxis

Johannes Hünerfeld
MOBIL & AKTIV ERLEBEN
WOHNMOBIL-REISEFÜHRER

Wiesenstraße 9
D-79232 March-Holzhausen

Tel. +49(0)7665 93 83-116
Fax +49(0)7665 93 83-117
mailto:verlag@mobil-und-aktiv-erleben.de

www.mobil-und-aktiv-erleben.de

DER AUTOR: JOHANNES HÜNERFELD

Der gelernte Bankfachwirt und langjährige, erfolgreiche Autor mehrerer Wohnmobil-Reiseführer wurde am 15.5.1963 in Freiburg im Breisgau geboren. Er wuchs in Kollnau im Elztal auf und lebt heute mit seiner Familie im Breisgau zwischen Kaiserstuhl und Schwarzwald.

Seit Anfang der 1990er Jahre sind er und seine Frau passionierte Wohnmobilbesitzer und konnten über lange Zeit umfangreiche Erfahrung auf Reisen sammeln.
Mit Begeisterung und der Erfahrung aus vielen Reisen hat der Autor seit 2001 mehrere Wohnmobil-Reiseführer erstellt. Durch umfassende Recherchen hat er sich ein breites Wissen über die Belange des Wohnmobil-Tourismus, die Wünsche und Bedürfnisse der Leser wie auch der Stellplatzbetreiber angeeignet.

TITELBILD:

Wohnmobilstellplatz beim Markgräfler Kräuterhof, Hügelheim

DRUCK:

Omniprint GmbH, Gewerbestraße 106, 79194 Gundelfingen

GRAFISCHES KONZEPT:

bente :: werbung + design, Kapellenweg 12, 79100 Freiburg

KARTOGRAFIE:

Digitale Kartografie Frank Ruppenthal GmbH
Rintheimer Hauptstraße 81b, 76131 Karlsruhe

HERAUSGEBER, SATZ UND PRODUKTION:

Johannes Hünerfeld
MOBIL & AKTIV ERLEBEN
WOHNMOBIL-REISEFÜHRER
Wiesenstraße 9
D-79232 March-Holzhausen
Tel. +49(0)7665 93 83-116
Fax +49(0)7665 93 83-117
mailto:verlag@mobil-und-aktiv-erleben.de
Homepage: www.mobil-und-aktiv-erleben.de

ISBN 978-3-943759-01-3

BIBLIOGRAFISCHE INFORMATION DER DEUTSCHEN NATIONALBIBLIOTHEK

Die Deutsche Nationalbibliothek verzeichnet diese Publikation in der Deutschen Nationalbibliografie; detaillierte bibliografische Daten sind im Internet über http://dnb.dnb.de abrufbar.

Zur Einstimmung

Z´Mülle an der Post,
Tusigsappermoscht
Trinkt me nit a guete Wi
Goht er nit wie Baumöl i,
Z´Mülle an der Post

Z´Bürglen uf der Höh,
Nei, was cha me seh
O, wie wechsle Berg und Thal
Land und Wasser überall,
Z´Bürglen uf der Höh

Z´Stauffen uffem Märt
Hen si was me gehrt,
Tanz und Wi und Lustberkeit,
Was eim numme s´Herz erfreut,
Z´Stauffen uffem Märt

Z´Friburg in der Stadt,
Sufer ischs und glatt;
Riche Here, Geld und Guet,
Jumpfere wie Milch und Bluet,
Z´Friburg in der Stadt,

Gedicht von Johann Peter Hebel (*1760/+1826)
Alemannischer Mundartdichter

Wer das Markgräflerland kennt, den bewegen diese Verse des wohl bekanntesten Mundartdichters der Region. Die hier zitierten vier Verse, die nur ein Auszug des ganzen Gedichts sind, zeigen sehr schön auf, was das Markgräflerland ausmacht:

Der gute Wein, den man allerorten trinkt, Der Wechsel von Berg und Tal, von Land und Wasser, den man vom Schloss Bürgeln betrachtet. Markgräfler Fröhlichkeit beim Tanz und Wein auf dem Staufener Markt und die reiche, saubere Stadt Freiburg am Nordrand des Markgräflerlands.

Viel mehr, als dieses vermag ich der Reise ins Markgräflerland eigentlich gar nicht vorausschicken, denn ich könnte es wohl kaum besser ausdrücken, als Johann Peter Hebel es tat. In moderneren Worten vielleicht, das ginge schon. Aber der Inhalt ist es, was zählt.

So möchte ich Sie mit diesen Versen einladen, all das selbst zu erleben. Und ich bin sicher, Sie werden es wieder tun!

Ihr

Inhaltsverzeichnis

LIEBE LESERINNEN UND LESER,

Mit diesem Buch aus der Buchreihe „MOBIL & AKTIV ERLEBEN" richten wir uns an all diejenigen, die sich gerne in der Natur aufhalten, sich dort sportlich aktiv betätigen und zugleich die regionale Kultur erleben möchten. Mit unseren Routen- und Ausflugsvorschlägen sowie mit den Stellplatztipps treffen wir sicherlich auch Ihren Geschmack.

Beachten Sie bitte, dass sämtliche Informationen in diesem Buch gewissenhaft und teils mehrfach vom Autoren vor Ort recherchiert worden sind. Doch kann nicht ganz ausgeschlossen werden, dass bei der Recherche oder bei der Umsetzung im Buch etwas übersehen, vergessen oder falsch wiedergegeben wurde. Wir haben keinen Einfluss auf spätere Veränderungen der jeweiligen Gegebenheiten vor Ort, die beispielsweise vom Wetter, veränderter Rechtssituation, Verbotsschildern etc. und anderen Rahmenbedingungen beeinflusst werden.

Verlag und Autor übernehmen keine Verantwortung für die Rechtmäßigkeit, Richtigkeit und Vollständigkeit der Angaben im Buch. Die Haftung ist ausgeschlossen, sofern ein Schaden nicht auf Vorsatz oder grobe Fahrlässigkeit zurückgeführt werden kann.

Haben Sie doch einmal Anlass zur Kritik, Vorschläge für Ergänzungen oder Korrekturhinweise, informieren Sie uns bitte. Mit Ihren Änderungsvorschlägen sowie Anregungen zu Inhalt und Gestaltung helfen Sie uns, die Wohnmobil-Reiseführer aus der Reihe MOBIL & AKTIV ERLEBEN aktuell zu halten und weiter zu verbessern.

Bitte lassen Sie uns mit konkreter Angabe von Buchtitel, Auflage und Seitenzahl wissen, welche Hinweise und Vorschläge Sie uns geben möchten. Sie erreichen uns auf dem Postweg (Adresse siehe Einleitung). Noch einfacher ist es, wenn Sie uns eine eMail an verlag@mobil-und-aktiv-erleben.de schicken oder das Kontaktformular auf der Website nutzen.

Zum Gebrauch des Buches

Bevor Sie sich mit der Lektüre der vier Routen befassen, möchte ich ein paar Hinweise in eigener Sache vorausschicken und diese mit einigen grundlegenden Informationen zum Verständnis der Stellplatz- und Routenvorschläge dieses Buches verbinden.

Sie haben sich mit dem Kauf dieses Buches für einen Wohnmobil-Reiseführer entschieden, der sich mit einer überschaubaren, gleichzeitig aber sehr attraktiven Urlaubsregion befasst. Insofern eignet sich dieses Buch besonders für die Planung und Durchführung von Kurzreisen. Das kann sowohl ein schöner Wochenendausflug sein, aber auch der Kurzurlaub.

Sie werden sehen, dass das Markgräflerland zahlreiche schöne Plätze und Ausflugsziele bietet und Sie so viele schöne Urlaubseindrücke sammeln werden, dass Sie gut und gerne auch Ihren Haupturlaub hier verbringen können. Für diesen Fall ist der Hinweis von Interesse, dass dieses Buch nicht das einzige, sondern das zweite einer neuen Buchreihe ist, die räumlich überschaubare, liebenswerte Kurzreiseziele für den Wohnmobil-Tourismus beschreibt.

Mit den bestehenden und zeitnah hinzukommenden Nachbarbüchern können Sie die vielseitigen Vorschläge dieses Buches sehr gut um weitere attraktive Ausflüge in die Umgebung ergänzen. Die Region Breisgau/Kaiserstuhl-Tuniberg beschreiben wir in Band 1. In Vorbereitung sind Bücher über die benachbarten Naturparks Südschwarzwald und Schwarzwald Mitte/Nord sowie über die Ortenau. Eine aktuelle Übersicht über unser Buchprogramm finden Sie unter **www.mobil-und-aktiv-erleben.de**.

Sämtliche Beschreibungen und Vorschläge für Ihre Reise durch das Markgräflerland sind auf Grundlage zahlreicher Fahrten durch die Region gewissenhaft erstellt worden. Es handelt sich um eine subjektive Schilderung der Reiseerfahrungen des Autoren, die zum Teil gemeinsam mit der Familie und teils mit Freunden gesammelt wurden. Die so zusammengstellten Stellplatz- und Ausflugstipps wurden persönlich, oft mehrfach, recherchiert und die zugehörigen Parkplätze auf die Wohnmobiltauglichkeit hin beurteilt. Sofern es sich um Privatgrund handelt, wurde die Beschreibung im Buch mit den Eigentümern besprochen.

Doch ist selbstverständlich nie ganz auszuschließen, dass sich im Lauf der Zeit Veränderungen ergeben, die eine Nutzung der Stellplätze einschränken oder verbieten. Hierfür kann der Autor keine Gewähr übernehmen, ebenso wenig wie für die Rechtmäßigkeit der übrigen Hinweise und Tipps, auch wenn bei der Recherche selbstverständlich größtmögliche Sorgfalt gegeben war.

Bitte verstehen Sie die Stellplatztipps niemals als Rechtfertigung, auf Privatgrund ohne Rücksprache mit den Eigentümern zu parken, schon gar nicht über Nacht. Es ist eine Selbstverständlichkeit bei Restaurants, Straußwirtschaften, Weingütern und Hofläden etc. jeweils **mit den Besitzern zu sprechen** und das **Einverständnis einzuholen**, den Parkplatz als Stellplatz zu nutzen. Gleichzeitig ist es Ehrensache, die Anfrage mit der Einkehr oder einem Einkauf zu verbinden, besonders dann, wenn keine Stellplatzgebühr erhoben wird.

Grundidee dieses Buches, sozusagen der Rote Faden, ist das Bestreben, Ihnen eine große Auswahl von Stellplatzalternativen zu geben, aus der jede Leserin und jeder Leser das jeweils Passende heraussuchen möge. Es ist mein Ziel, Ihnen eine vielseitige Auswahl an regionalen Besonderheiten aufzuzeigen, sei es mit Blick auf die **qualitativ hochwertigen regionalen (Land-) Produkte** (Wein, Obst, Gemüse etc.) oder auf das **kulturelle und geschichtliche Angebot**. All dies ist schließlich die Grundlage für die Lebensfreude und Gastfreundschaft des Markgräflerlands, die ich Ihnen näherbringen möchte. Diese zu erleben geht am besten, wenn man mit den Menschen in Kontakt tritt.

So freut es mich besonders, dass ich zahlreiche **landwirtschaftliche Betriebe und Restaurants** finden konnte, deren Besitzer dem Wohnmobil-Tourismus aufgeschlossen gegenüberstehen. Diese freuen sich, wenn Sie auf Ihrer Reise in die von der Sonne verwöhnte Gegend einen Halt einlegen und dies mit Ihrem Besuch, der **Einkehr oder dem Einkauf** honorieren.

Es ist das Ziel dieses Buches, Ihnen eine **ansprechende Mischung von Stellplätzen** der verschiedenen Kategorien aufzuzeigen, aus denen Sie nach Ihren Vorlieben die Plätze nach Ihrem Geschmack aussuchen können. Es ist zudem meine Absicht, Ihnen neben den Stellplatztipps vor allem Vorschläge zu unterbreiten, wo und wie Sie die wohlverdienten gemütlichen Stunden im oder vor dem Wohnmobil an schönen Stellen mit vielseitigen **Urlaubsaktivitäten** verbinden können.

Aus Leserzuschriften im Lauf meiner langjährigen Tätigkeit als Autor von Wohnmobil-Reiseführern ist mir bekannt, dass viele Leserinnen und Leser mit einem Stellplatz gerne eine **Bademöglichkeit** kombinieren. So habe ich zahlreiche **Badeseen und Schwimmbäder** in die Routenvorschläge eingebunden. Ebenso beliebt sind schöne **Wander- und Radtouren** sowie **andere sportliche Aktivitäten** (Nordic Walking, Nordic Blading, Jogging, Hochseilgarten und Kletterparks etc.), die sich mit einem Wohnmobilparkplatz verbinden lassen. Wo ich entsprechende Angebote und Hinweise gefunden habe, werden diese im Zusammenhang mit den Stellplatztipps in groben Zügen beschrieben. So ist gewährleistet, dass Sie die Natur am Reiseziel mit viel Bewegung an der frischen Luft genießen können.

Wo immer es möglich ist und mir interessant erschien, habe ich zudem besonders schöne - bekannte, aber auch weniger bekannte - **Sehenswürdigkeiten** geschildert, vor allem, wenn diese sich in angemessener Entfernung mit einer für Wohnmobile passenden **Parkmöglichkeit** befinden.

Selbstverständlich sollen auch die kleinen Mitreisenden nicht vergessen werden. So ist dieses Buch auch für **Familien mit Kindern** geeignet. Für sie weise ich nicht nur auf **Spielplätze** an den Stellplätzen hin, sondern auch auf Attraktionen wie Streichelzoos oder die Möglichkeit, auf landwirtschaftlichen Anwesen das Leben und die Arbeit der Landwirte kennen zu lernen.

Da Kinder gern im Wasser herumtoben, schließt sich bei den schon erwähnten **Bademöglichkeiten** der Kreis. Beachten Sie dabei aber bitte, dass das Baden - vor allem an naturbelassenen Badeseen - besondere **Vorsichtsmaßnahmen** erfordert. Erkundigen Sie sich als Begleitpersonen der Kleinen im Vorfeld über die Gegebenheiten vor Ort, zumal es an Badeseen oft keine Badeaufsicht (Bademeister, DLRG) gibt.

Sie werden feststellen, dass viele meiner Stellplatzvorschläge mit **Restaurants, Straußwirtschaften und Hofläden** verbunden sind. Es wurde schon erwähnt, dass es ein Ziel dieses Buches ist, Ihnen (zumindest theoretisch) die Möglichkeit zu geben, sich während Ihrer Kurzreise ausschließlich mit den vor Ort hergestellten Lebensmitteln zu versorgen oder in den Gaststätten fürs leibliche Wohl zu sorgen. Das heißt selbstverständlich nicht, dass man den Supermärkten und deren Angebot kein Vertrauen schenken sollte - im Gegenteil! Doch spiegelt es die **regionale Besonderheit** besser wieder, wenn man das **frische und bodenständige Angebot der örtlichen Landwirtschaft** auf der Reise intensiv kennenlernt. Allem voran gehört gerade in dieser **Weinbauregion** deshalb auch der Besuch beim einen oder anderen **Weingut** oder bei einer **Winzergenossenschaft** dazu. Dort kann man den guten Tropfen der Wahl direkt vom Erzeuger kaufen. Zuvor hat man die Gelegenheit bei einer **Weinprobe** den guten Tropfen kosten und braucht nicht die Katze im Sack zu kaufen. Damit Sie Ihre Einkehr im Restaurant oder die Degustation beim Winzer im Vorfeld abstimmen können, sind bei allen einschlägigen Stellplatztipps die **Kontaktdaten** (Telefonnummer, eMail-Adresse und Website angegeben). So werden Sie bei Ihrem Besuch nicht vor verschlossener Tür stehen und können neben der Weinprobe auch gleich den Übernachtungswunsch vorher abstimmen.

Selbstverständlich bin ich davon ausgegangen, dass viele von Ihnen sehr gerne komfortable **Wohnmobilstellplätze** mit geeigneter Infrastruktur suchen. Nicht zuletzt wissen zahlreiche Wohnmobilisten auch - zumindest tageweise - den Komfort guter **Campingplätze** zu schätzen. Wo das Angebot besteht, sogenannte „Wohnmobilhäfen" und Campingplätze zu nutzen, werden die entsprechenden Einrichtungen ausführlich beschrieben.

Doch weiß ich auch um den Wunsch zahlreicher Leser/innen, die den Begriff „Mobilität" obenan stellen, die sehr gerne **Stellplätze** mit sehr **einfacher oder gar ohne wohnmobilspezifische Ausstattung** nutzen. Häufig reicht zur Erfüllung dieses Wunsches ein einfacher Parkplatz, wenn er mit einem attraktiven Umfeld (Naturerlebnis, Sehenswürdigkeiten etc.) verbunden ist.

Diesem Wunsch werde ich mit zahlreichen Stellplatztipps gerecht. Diese „**freien Stellplätze**" können Sie in der Regel problemlos für jeweils eine Nacht nutzen, bis Sie wieder eine **Ver- und Entsorgungsstation** benötigen, um Strom oder Wasser aufzutanken und Abwasser loszuwerden. Zu den Stellplatztipps gebe ich also auch Hinweise, wenn oder gegebenenfalls wo Sie alternativ eine entsprechende Ausstattung vorfinden.

Beachten Sie dabei immer, dass hierbei viel **Fingerspitzengefühl** nötig ist. Beurteilen Sie bei der Nutzung freier Stellplätze immer zunächst, ob Sie sich als Anwohner oder Nachbar des jeweiligen Parkplatzes durch Anzahl und **Verhalten der Wohnmobiltouristen** gestört fühlen könnten. Wenn ja, dann suchen Sie bitte einen anderen Stellplatz auf, auch wenn er keine ganz so attraktive Aussicht bieten mag, einen kleinen Fußmarsch oder ein paar Meter mit dem Fahrrad erfordert, um die anvisierte Sehenswürdigkeit zu besuchen. Es wäre sehr schade, wenn durch Fehlverhalten Einzelner oder durch manchmal zu beobachtende **Überfrachtung von Parkplätzen mit Wohnmobilen** die einschlägig bekannten Beschränkungen eintreten würden, die ich unter den Stichworten 2-Meter-Balken („Teppichstange") oder Nachtparkverbote nennen möchte.

Zur **Frischwasserversorgung** sei darauf hingewiesen, dass einige **Restaurants, Bauernhöfe und Straußwirtschaften** auf Anfrage gerne die Möglichkeit bieten, Frischwasser zu entnehmen, wenn Not am Mann ist. Das gilt teils auch für den **Stromanschluss**. Bitte rechnen Sie aber nicht fest damit, an allen erwähnten Stellplätzen solch ein Angebot vorzufinden. Wenn doch, dann ist es ausdrücklich so beschrieben.

Sie sollten hierfür immer einen ausreichend langen **Frischwasserschlauch** (und/oder einen Kanister) und ein **Stromkabel** von **wenigstens 5-10 Meter Länge** mitführen. Sorgen Sie am besten immer vor, dass ein Engpass gar nicht erst entsteht. Nutzen Sie die Ver-/Entsorgungsstellen, die an der Fahrtroute gerade zur Verfügung stehen. Kritisch ist hierbei sicherlich das Thema Campingtoilette, aber auch das Grauwasser. Warten Sie **nie** so lange, bis der Füllstandsanzeiger auf rot steht. Entsorgen Sie immer dann, wenn Sie eine Entleerungsmöglichkeit vor sich haben, und sei die Kassette kaum gefüllt.

Beachten Sie, bevor Sie Ihre Reise starten, bitte auch die **Infos von A-Z am Ende dieses Buches**. In diesen finden Sie weitere wertvolle Hinweise aus der Praxis für die Praxis. Wenn Ihnen während der Reise Informationen fehlen, Sie Veränderungen feststellen oder Anregung zur Verbesserung des Buches (und der gesamten Buchreihe) haben, freue ich mich über Ihre **Zuschriften**. Besten Dank im Voraus.

Erläuterung zu den Symbolen

Parkplatz/Stellplatz	Wandern, Nordic Walking
Restaurant/Straußwirtschaft	Radtour
Hofladen/Hausbrennerei	Ver-/Entsorgungsstation
Weingut	Wasserversorgung
Campingplatz	Stromanschluss
Sehenswürdigkeit	Hintergrundinformation
Badesee/Schwimmbad	Markanter Gipfel/Aussicht

Nördliches Markgräflerland

Willkommen zur Reise durch die „Toskana Deutschlands", wie das Markgräflerland häufig genannt wird. Wir starten unsere Reise allerdings etwas nördlich davon in Freiburg im Breisgau, wobei das Markgräflerland offiziell aber im Freiburger Stadtteil St. Georgen beginnt.

Wenn Sie über die Autobahn A5 anreisen, gelangen Sie über die Ausfahrt Freiburg/Mitte zum Wohnmobil-Stellplatz Bissierstraße in **Freiburg**. Der Standort des Stellplatzes ist derzeit in Diskussion. Wir sind aber sicher, dass Freiburg, trotz Überlegungen für die Verlegung auch künftig einen adäquaten Platz haben wird. Zudem haben wir Alternativen in- und außerhalb der Umweltzone, darunter drei Campingplätze. Ab 2013 ist die Zufahrt in die Umweltzone nur noch mit grüner Plakette (gelb ab 2012) erlaubt.

Vom Schwarzwald kommend gelangen Sie über die B31 nach Freiburg. Achten Sie in beiden Fällen auf die Ausschilderung zum Wohnmobilstellplatz bzw. folgen Sie den Zufahrtbeschreibungen zu den angegebenen Alternativen. Einzelheiten für Ihren Besuch in Freiburg sind im **Wohnmobil-Reiseführer MOBIL & AKTIV ERLEBEN - Breisgau / Kaiserstuhl-Tuniberg** beschrieben. In diesem Buch widmen wir uns der Fahrt ins **Markgräflerland** und nehmen Freiburg als Ausgangspunkt hierfür.

Erste Wahl in Freiburg dürfte der schon eingangs erwähnte Wohnmobil-Stellplatz in der Bissierstraße sein. Dort, aber auch auf den anderen Stellplätzen, ist das Fahrzeug gut aufgehoben. Die Stellplatzkosten sind moderat und wir können gemütlich zu Fuß, mit dem Fahrrad oder der Straßenbahn in die Innenstadt gelangen und uns der Besichtigung der Altstadt widmen, die in Band 1 (Breisgau/Kaiserstuhl-Tuniberg) näher beschrieben ist.

NOCH EIN WORT ZUR VERKEHRSSITUATION.

Bei allen Stellplatztipps weisen wir auf **ÖPNV-Anschlüsse** hin. Wir halten es nicht für sinnvoll mit dem Wohnmobil in die Innenstadt zu fahren. Die Parkgebühren (so Sie überhaupt eine Parklücke finden) haben es in der Innenstadt und drum herum in sich. Und denken Sie an die **Umweltzone** (seit Jan. 2012 nur noch gelb/grün erlaubt).

Sie fahren sicher billiger und stressfreier, wenn Sie ein **ÖPNV-Ticket kaufen** und Ihr Wohnmobil stehen lassen. **Tipp:** Es kann interessant sein ein **REGIO24-Ticket** zu erwerben (24 Std. ab Entwertung für bis zu 5 Personen gültig, Preis 2012: EUR 9,50/ Zone 1) oder das **WelcomeTicket** (Stand 2012: EUR 24,00, gültig am Tag der Entwertung und den zwei folgenden Tagen für gesamtes RVF-Netz und die Schauinslandbahn).

FR/WOHNMOBILSTELLPLATZ BISSIERSTRASSE

Stellplatzart: .... Wohnmobil-Stellplatz
GPS: N47 59 58.8 E7 49 32.9
Adresse: .... D-79114 Freiburg, Bissierstraße
Tel.: .... +49(0)761/2 02 51 39
mailto: .... info@stellplatz-freiburg.de
Homepage: .... www.stellplatz-freiburg.de
Zufahrtinfo: Von der A5 her auf der B31a stadteinwärts fahren und der Ausschilderung des Wohnmobil-Stellplatzes/Ausfahrt Sportzentrum West/Bischofslinde folgen (**Umweltzone! Gelbe (bis 2012) oder grüne Plakette erlaubt**. An der ersten Kreuzung rechts in die Bissierstraße, 400 m weiter, nach Überquerung der Bahnlinie rechts die Einfahrt. Vom Schwarzwald kommend entsprechend die Gegenrichtung bis zur genannten Ausfahrt nutzen.

Kurzbeschreibung: Ganzjährig geöffneter Stellplatz für etwa 50 Wohnmobile, geschotterte Stellflächen, überwiegend mit Stromanschluss, Ver- und Entsorgungssation. Service wie Vermittlung von Reparaturen am Wohnmobil oder Gasflaschentausch auf Anfrage. 5 Min Fußweg zur Stadtbahnhaltestelle Bissierstraße, ca. 20 Minuten Fußweg in die Altstadt (mit dem Fahrrad 5-10 Minuten).
Preise 2012: EUR 8,00 je Mobil bis 7 m Länge (darüber EUR 0,50 je halbem Meter Länge), Entsorgung inklusive, Frischwasser 100 l = EUR 1,00, Kleinmengen kostenfrei, Strom wird nach Verbrauch (EUR 0,50 je kW/h) abgerechnet, WLAN verfügbar (bei Rezeption anmelden).

ALTERNATIVEN AUSSERHALB DER UMWELTZONE

Im Industriegebiet Hochdorf befindet sich die Firma **WVD Südcaravan** mit Ver-/Entsorgungsstation, Zubehör- und Teileverkauf, Gasflaschentausch, Werkstatt (Hanferstr. 30, 79108 Freiburg, Tel. +49(0)761/15 24 00, **GPS** N48 02 30.5 E7 48 54.7). Von der **A5/Ausfahrt Freiburg Nord** kommend den Hinweisen „Badeseen/Campingplatz" folgen. Nach der Autobahnunterführung rechts ab bis ins Industriegebiet, dann links ab. Das Mobil steht innerhalb der nachts geschlossenen Schranke oder auf dem Parkstreifen der Hanferstraße. **ÖPNV-Anschluss:** VAG Buslinie 36 nach Landwasser von WVD/weiter mit Straßenbahn Linie 1.

Alternativ steuern Sie die **Extrol Tankstelle** im Industriegebiet Haid an (Bötzinger Str. 19, 79111 Freiburg, Tel.: +49(0)761-5 04 66-80, **GPS** N47 59 30.3 E7 47 19.7). Sani-Station, Tankstelle, Auto-/LKW-/Wohnmobil-Waschstraße. Tankkunden übernachten auf Anfrage kostenlos (sonst EUR 10,00/Nacht). Tankstellenshop und Bäckereifiliale/Bistro, Tankstelle rund um die Uhr geöffnet. 5 Min Fußweg zur Straßenbahn Munzinger Straße.

FREIBURG - TUNISEE CAMPING

GPS: N48 3 52.0 E7 48 51.8
Adresse: .... D-79108 Freiburg-Hochdorf, Seestraße 30
Tel.: .... +49(0)7665/22 49
mailto: .... info@tunisee.de
Homepage: .... www.tunisee.de
Zufahrtinfo: Von der A5/Freiburg-Nord an der Ampel rechts und gleich links ab (Schild Camping/Badeseen). Nach Unterführung der A5 links ab.
Kurzbeschreibung: Wiesenplatz am Tunisee (Badeaufsicht und Wasserskianlage, Kiosk, Gaststätte, Flaschengasstation; geöffnet April-Oktober).

FREIBURG - BREISGAU CAMPING AM SILBERSEE

GPS: N48 3 38.0 E7 49 20.1
Adresse: .... D-79108 Freiburg-Hochdorf, Seestraße 20-22
Tel. .... +49 (0)7665-23 46
mailto: .... nicht verfügbar
Homepage: .... nicht verfügbar
Zufahrtinfo: Wie Camping Tunisee (direkt benachbart).
Kurzbeschreibung: Campingplatz mit Baumbestand, Badesee (teils FKK), Gastronomie, Kiosk. Ganzjährig (Gastronomie nur Sommer). ÖPNV-Anschluss (beide Plätze) von Benzhausen (ca. 15 Min. zu Fuß) Stadtbus 36 nach Landwasser, weiter Straßenbahn Linie 1 Richtung Littenweiler).

FREIBURG - HIRZBERG CAMPING

GPS: N47 59 31.4 E7 52 26.0
Adresse: .... D-79104 Freiburg, Kartäuserstraße 99
Tel.: .... +49(0)761/3 50 54
mailto: .... hirzberg@freiburg-camping.de
Homepage: .... www.freiburg-camping.de
Zufahrtinfo: Von der A5/FR-Mitte Richtung Titisee-Neustadt. Weiter **Richtung Ebnet**/Stadien. **NICHT** in den Tunnel, sondern davor links, weiter in die Schwarzwaldstraße, später links in den Sandfangweg, wieder links in die Kartäuserstraße (Campingzufahrt bei der Gaststätte Stahl). **Kurzbeschreibung:** Wiesenplatz (Stadtrand), alter Baumbestand; ganzjährig.

Nun aber auf ins **Markgräflerland**! Folgen Sie uns auf der Umgehungsstraße (Matsuyamaallee) Richtung Lörrach. Bald gelangen Sie an die Ausfahrt Schallstadt/Ebringen/Pfaffenweiler.

Als erstes Ziel haben wir den sehr schön gelegenen Winzerort **Ebringen** ausgesucht. Dort können wir nicht nur die badische Gastronomie testen, was zu einem schönen Urlaub zweifelsohne gehört. Ebenso gehört auch die eine oder andere schöne Wanderung oder Radtour dazu. Bereits hier in Ebringen zeigt sich das Markgräflerland sehr wohnmobilfreundlich, bietet das Winzerdorf uns doch einen netten kleinen Wohnmobil-Stellplatz.

Das Örtchen vor den Toren von Freiburg liegt am Südwesthang des Schönbergs und ist gemäß der ersten Erwähnung in einer Urkunde des Klosters St. Gallen aus dem Jahr 716 der älteste Weinbauort im Markgräflerland. Sehenswert sind das Schloss und die mehr als 500 Jahre alte Kirche St. Gallus und Otmar mit dem hoch aufragenden, den Ort dominierenden Kirchturm. Das Innere wurde im 18. Jh. im Stil des Barock ausgestattet. Die Seitenaltäre entstammen der Klosterkirche des früheren Kapuzinerklosters in Freiburg, von wo die Ebringer Bürger die Schmuckstücke ersteigerten.

In Ebringen weiß man auch zu feiern: Mitte Juli findet alljährlich ein Wein- und Sektfestival statt, im August die Ebringer Weintage und am 3. Advent der Weihnachtsmarkt rund um das Schloss, in dem heute das Rathaus untergebracht ist.

ROUTE 1

P EBRINGEN - WOHNMOBIL-PARKPLATZ FESTHALLE/SCHULE

Stellplatzart: Wohnmobil-Parkplatz
GPS: N47 57 23.2 E7 46 36.1
Adresse: D-79285 Ebringen, Schulstraße 8
Tel.: (Gemeindeverwaltung) +49(0)7664/5 05 80
Homepage: www.ebringen.de

Zufahrtinfo: Zunächst Richtung Pfaffenweiler halten (Ortsumfahrung) und später Richtung Sölden/Ebringen. Links in den Ort fahren bis zur Schulstraße und dieser bergwärts bis zum ausgeschilderten Parkplatz folgen.

Kurzbeschreibung: Gepflasterter Parkplatz neben der Schönberghalle (max. 4 Reisemobile und höchstens 2 Tage). Keine weitere Ausstattung (keine V/E-Station oder Stromanschluss). Ein Lebensmittelmarkt liegt direkt gegenüber. Bei der Schönberghalle finden Sie einen Boule-Platz sowie einen Spielplatz für die Kleinen.

Wandern: Schneeburg/Schönberg

Zunächst wandern wir durch den Ort und lassen das Schloss links liegen. Der gelben Raute folgend gelangen wir bergwärts und schlängeln uns in die Weinberge, später durch den Wald. Rechts oben liegt nun der Schönberg, links nähert sich die Ruine der **Schneeburg**. Während der Besichtigung der aus dem 14. Jh. stammenden Burg, deren Name möglicherweise auf die Freiburger Adelsfamilie Schnewlin zurück geht, können wir uns kaum der Aussicht übers Rheintal zu den Vogesen und über Freiburg und den Rosskopf bis zum Kandel entziehen.

Noch schwerer ist es weiter zu wandern, weil unterhalb der Burg der **Berggasthof Schönberger Hof** wartet. Ein kühles Bier und ein Vesper machen uns mehr an, als auf den Schönberg zu schnaufen. Die Aussicht ist ohnehin kaum zu überbieten.

So gehen wir nach der Einkehr zurück zur Burg, umrunden sie rechts und folgen weiter der gelben Raute. Zunächst verläuft der gut begehbare Pfad mäßig abfallend durch den Wald, bis nach ca. 20 Minuten die gelbe Markierung rechtwinklig rechts hinab Richtung Leutersberg weist. Nun halten wir uns geradeaus und gelangen nach ein paar Minuten an den Waldrand, lassen das Denkmal für Kriegsgefallene links liegen, um wenig später links ab durch den Rebberg nach Ebringen zurück zu gelangen.

Gehzeit insgesamt ca. 1 1/2 Std., einfach zu begehen, keine schwierigen Passagen. Lediglich im Bereich der Burg ist stellenweise etwas Trittsicherheit erforderlich.

Die Tour mitsamt Schönberg ist auch gut mit dem **Mountain Bike** zu meistern (verbunden mit dem Erfahren des Schönbergs), bedingt auch mit einem Tourenrad.

Unsere Reise führt zurück zur Straße nach **Pfaffenweiler**. Am Winzerdorf im Schneckental (empfehlenswert ist übrigens das beliebte **Schneckenfest** Ende August) fahren wir vorbei. Stattdessen steuern wir unser Mobil auf der anderen Seite in die Reben des **Batzenberges**. Mit diesem kleinen Abstecher möchten wir Sie zu einem sehr schönen, aussichtsreichen Wanderparkplatz führen, der besonders bei klarem Wetter lohnt. Natürlich können Sie das Mobil am Friedhof stehen zu lassen und den Anstieg zu Fuß oder mit dem Fahrrad meistern. Diese Variante erfordert jedoch etwas mehr Puste. Doch was uns oben erwartet, lässt die Mühe zur Nebensache werden.

P BATZENBERG - WANDERPARKPLATZ

Stellplatzart: .... Wanderparkplatz
GPS: N47 56 17.1 E7 44 26.1
Adresse: .... D-79238 Ehrenkirchen, Langgass (Batzenberg)
Zufahrtinfo: Wir wählen die dem Dorf gegenüber liegende Seite des Schneckentals und steuern unser Reisemobil bei der zweiten Ausschilderung „Friedhof" beim Kreisverkehr rechts ab. Beim Friedhof gibt es eine Parkmöglichkeit für diejenigen, welche die Sache eher mit eigener Kraft zu Fuß oder mit dem Fahrrad statt mit den Pferdestärken unter der Haube in Angriff nehmen möchten.
Ansonsten fahren Sie beim Friedhof schräg links und lassen das Mobil bergwärts kurven, immer dem Schild „Badische Weinstraße - Markgräflerland" folgend. Fast auf dem Bergrücken, umkurvt die Strecke eine Winzerhütte. Kurz nach dem Schild „Wasserschutzgebiet", ziehen wir auf dem großen Wanderparkplatz den Zündschlüssel und sind von der Rundumsicht schlicht überwältigt.
Kurzbeschreibung: Geräumiger, ebener Parkplatz (Schotterbelag). Bei solch einem Panorama, bestehend aus Vogesen und Kaiserstuhl/Tuniberg, auf der anderen Seite dem Schwarzwald, schmeckt das mitgebrachte Vesper besonders gut. Und wer mag - hier stehen des öfteren Wohnmobile auch über Nacht (Bild oben).

Das nächste Zwischenziel ist **Schallstadt**, das wir vom Parkplatz auf dem Batzenberg her in nördlicher Richtung erreichen (kurz nach dem Parkplatz links in die Langgasse bis Norsingen, dort rechts auf die B3). Hier können wir (nicht nur) bei der **Winzergenossenschaft Wolfenweiler** einen guten Tropfen vom Batzenberg kaufen. Das Ortsbild bietet einige herrliche historische Gebäude wie den mittelalterlichen Gasthof Ochsen, sowie die alte Kirche in Wolfenweiler aus dem 12. Jahrhundert.

Sollten Sie von Ebringen direkt hierher gefahren sein und den Batzenberg ausgelassen haben, ist eine kleine Radtour oder Wanderung auf den Rebhügel eine gute schöne Ausflugsidee. In Schallstadt haben wir obendrein gemütliche Einkehrmöglichtkeiten gefunden, wo Sie - wie immer auf individuelle Anfrage beim Personal - auch über Nacht parken können:

SCHALLSTADT - BINZENMÜHLE-STRAUSSE

Stellplatzart: Straußwirtschaft
GPS: N47 57 35.1 E7 45 20.7
Adresse: D-79285 Schallstadt, Waldseemüllerstraße
Tel.: +49 (0)7664/61 94 14
Homepage: www.binzenmuehle-strausse.com
mailto: binzenmuehlestrausse@t-online.de
Zufahrtinfo: Wie zuvor, aber nach Bahnübergang auf der B3 bleiben. Nach 450 m links in den Scheuerlenweg; nach gut 150 m rechts in die Wiesenstraße und nach 250 m links (Bitze), nach 100 m rechts in die Waldseemüllerstraße.

Kurzbeschreibung: Die Straußwirtschaft am Ortsrand ist ganzjährig geöffnet (Di-Sa 17-24 h, So/Feiertag 10-22 h, Mo Ruhetag). Besonders gemütlich ist der Innenhof. Spezialität: Binzenmühle-Teller mit Schäufele, Bauernwurst auf Sauerkraut und Brägele.

HINTERGRUNDINFO ZUR BINZENMÜHLE

Die Straußwirtschaft befindet sich im Nebengebäude der historischen Binzenmühle, auf welcher der Kartograf Martin Waldseemüller geboren wurde. Er hatte in Freiburg studiert und später die erste Weltkarte erstellt, auf welcher der Name „America" aufgeführt war.

Aus Informationen der Binzenmühle haben wir erfahren, dass die Waldseemüller´sche Karte auf Reisedokumente des Seefahrers Amerigo Vespucci zurückgeht, der das von Christoph Kolumbus für Indien gehaltene Land näher inspizierte und beschrieb. Es war Waldseemüllers Idee, in Anlehnung an dessen Namen den neuen Kontinent „America" zu nennen.

SCHALLSTADT - VINOLIVIO

Stellplatzart: .... Gaststätte
GPS: N47 57 07.8 E7 44 44.6
Adresse: .... D-79227 Schallstadt, Hockenbuck 1
Tel. .... Tel +49(0)7664/6 19 87 85
Homepage: .... www.vinolivio.de
mailto: .... info@vinolivio.de
Zufahrtinfo: Von Norsingen kommend vor der Ortseinfahrt/Bahnübergang links das markante Gewächshaus, in welchem ein besonderes Restaurant eingerichtet und im Frühjahr 2012 eröffnet worden ist.
Kurzbeschreibung: Wenn Sie unser Buch über den Breisgau/Kaiserstuhl-Tuniberg kennen, ist die Gestaltung des Vinolivio bekannt, hatten wir in Köndringen doch schon „Vinolivio 1" besucht. Es ist eine ganz besondere Atmosphäre, in der wir unter mediterranen Pflanzen dinieren können. Während der Einkehr, auf Anfrage beim Personal gerne auch über Nacht, steht das Wohnmobil auf dem Parkplatz etwas unterhalb der B3. Besonders wohnmobilfreundlich ist, dass man ab 8 h öffnet und den Gästen ein reichhaltiges Frühstück anbietet - nach der Übernachtung eine prima Sache.

ROUTE 1

Die nächste Etappe unserer Reise führt uns in die Gemeinde **Ehrenkirchen**. Die Ortsteile **Ehrenstetten** und **Kirchhofen** durften jeweils mit einem Teil zum Namen der Verbandsgemeinde beitragen. Hinzu kommen die Ortsteile **Norsingen**, **Offnadingen** und **Scherzingen**. Erfreulich ist, dass sich Ehrenkirchen wohnmobilfreundlich zeigt, indem beim Rathaus ein einfacher Wohnmobil-Parkplatz angeboten wird, auf den wir später zurückkommen. Schließlich gibt es noch einiges mehr, was entdeckt werden will und worüber wir berichten möchten.

Wenden wir uns zunächst dem westlich der Bahnlinie gelegenen **Offnadingen** zu. Das eher unbedeutende Dorf wartet mit einer beeindruckenden Kirche und einer historischen Klostermühle auf. Sie dient inzwischen der „Eventgastronomie" und kann nicht besichtigt werden. Doch mag Ihnen die **Gaststätte zum Adler** einen Besuch wert sein, nachdem Sie einen schönen **Spaziergang** durch die weiten Felder nach **Biengen** oder eine **Radtour** dorthin gemacht haben. Auch die auf einem Hügel gelegene Pfarrkirche des Nachbarortes Biengen ist übrigens einen Blick wert.

P OFFNADINGEN - PARKPLATZ AM RATHAUS/GASTHAUS ADLER

Stellplatzart: .... Parkplatz
GPS: N47 55 58.9 E7 42 52.8
Adresse: .... D-79285 Ehrenkirchen-Offnadingen, Dorfstraße
Tel.: .... Gasthaus Adler: +49(0)7633/33 32
Homepage: .... www.adler-offnadingen.de
mailto: .... info@adler-offnadiingen.de

Zufahrtinfo: Von der B3 bzw. Kirchhofen her am Kreisverkehr geradeaus, dann gleich rechts und nach der Bahnunterführung wieder rechts ab und bis zum Parkplatz rechts entlang der Straße.
Kurzbeschreibung: Parkstreifen am Bachlauf vor dem Bürgerhaus/Rathaus. Auf der anderen Bachseite historische Klostermühle, nach der schmucken Kirche das Gasthaus Adler. Empfehlenswert ist die saisonale badische Küche. Besonders schön ist im Sommer die Gartenwirtschaft. Weine aus eigenem Anbau/Weinverkauf. Geöffnet tägl. ab 17 h, Freitag Ruhetag.

Mit einem Werbespruch früherer Tage, über den wir heute etwas schmunzeln („Macht die Frau ein Donnerwetter, trink ein Viertel Ehrenstetter."), wenden wir uns **Kirchhofen** und **Ehrenstetten** zu. Bevor wir die Wanderschuhe schnüren oder uns aufs Fahrrad schwingen, suchen wir den örtlichen Wohnmobil-Stellplatz auf. Besonders Kirchhofen hat einiges, was es zu entdecken gilt. Die **Pfarr- und Wallfahrtskirche St. Mariä Himmelfahrt** vom Anfang des 16. Jahrhunderts haben wir von weither übers Land entdeckt. Der im Stil des Barock ausgestattete Kirchenraum hat spätgotische Grundzüge. Die Gestaltung des Hochaltars trägt die Handschrift des Christian Wentzinger aus Freiburg, der aus Ehrenstetten stammte. Nicht weit entfernt liegt das frühere **Wasserschloss** mit den vier Ecktürmen, das Lazarus von Schwendi während seiner letzten Jahre als Heimat diente.

EHRENSTETTEN - WOHNMOBIL-PARKPLATZ AM RATHAUS

Stellplatzart: Wohnmobil-Parkplatz
GPS: N47 55 05.8 E7 44 42.2
Adresse: D-79285 Ehrenkirchen, Prälat-Stiefvater-Weg 1
Tel.: (Gemeindeverwaltung/Tourist-Information) +49(0)7633 804-0
Homepage: www.ehrenkirchen.de
Zufahrtinfo: Von Kirchhofen Richtung Bollschweil/St. Ulrich halten und zwischen den Teilorten Kirchhofen und Ehrenstetten rechts zum Rathaus/Feuerwehrhaus abbiegen (ausgeschildert). Gleich erste Abzweigung nach rechts auf den ausgeschilderten Wohnmobil-Parkplatz.
Kurzbeschreibung: Asphaltierter Parkplatz/Ortszentrum, teils für Wohnmobile (3 Stück - siehe Bild unten links) und Car-Sharing reserviert. Schräg gegenüber Feuerwehr und Rathaus mit Tourist-Information sowie Informationstafel zu Wander- und Mountain-Bike Tourangebot sowie ein Lebensmittelmarkt.

KIRCHHOFEN - LORENZ-STRAUSSI

Stellplatzart: Straußwirtschaft
GPS: N47 55 15.3 E7 43 57.4
Adresse: D-79285 Ehrenkirchen, Krozinger Straße
Tel.: +49 (0)7633-9 29 90 50
Homepage: www.lorenz-straussi.de
mailto: info@lorenz-straussi.de
Zufahrtinfo: In Kirchhofen von der Offnadinger Straße in die Krozinger Straße abbiegen (ausgeschildert). Nach dem Autohaus rechts zum Parkplatz.
Kurzbeschreibung: Gemütliche Gasträume mit über 600 Spiegeln. Nach ein, zwei Viertele mehr kann das schon mal etwas verwirren, ist aber sehr geschmackvoll und dekorativ gestaltet.
Beachten Sie darüber hinaus den Steinfußboden, über den während des Konstanzer Konzils schon der (damalige) Papst gegangen war. Die Steine wurden für die Strauße hierher verbracht.
Im Frühjahr serviert man den Gästen Bärlauch-/Spargelgerichte, im Herbst Wild, ganzjährig Steaks/Schnitzel. Wein vom Batzenberg, Spirituosen von benachbarten Brennereien runden das Angebot ab.
Geöffnet ca. März bis Mitte Juni und Sept.-Mitte Dez. Di-Sa: 17-24 h, So/Feiertag: 12-23 h, Mo Ruhetag. Parkplatz 150 m entfernt. Übernachtung auf Anfrage nach Einkehr; ebener, geschotterter Parkplatz.
Alternative: Gasthaus Ambringer Bad (badische Küche, Parken gegenüber, eher nur für kleinere Fahrzeuge/Wohnmobile bedingt möglich)

ROUTE 1

Wandern in Ehrenkirchen

Am Rathaus sind 10 Touren näher beschrieben, die allen Ansprüchen an Kondition und Genussfaktor gerecht werden. Die Tourist-Information hält (gegen eine geringe Gebühr) entsprechende Wanderprospekte bereit.

Wir haben unsere Route selbst zusammengestellt und sind vom Wohnmobil-Parkplatz aus nach Ehrenstetten gestartet. Vor der Kirche gehen wir links hinauf Richtung Rebberg (Schmiege), um gleich rechts in den Ölbergweg bis zur Ölberg-Kapelle bergwärts zu wandern (Bild unten). Dort genießen wir den Blick über die Rheinebene zu den Vogesen. Bevor Sie links ab im Zick-Zack in die Talsohle wandern (nördliche Richtung), können Sie einen Abstecher zu den **Steinzeithöhlen Teufelsküche** einlegen.

ROUTE 1

In der genannten Talsohle halten wir uns links bergwärts, um auf den **Wanderparkplatz Bellenhöhe** zu gelangen (**GPS**: N47 55 41.1 E7 45 27.7). Dieser ist übrigens eine Alternative für eine Übernachtung im Wohnmobil (von Ehrenstetten durch die Kirchbergstraße zur beschriebenen Gabelung). Der Blick schweift auch hier übers Rheintal, bei sehr guter Sicht bis zum Schweizer Jura.

Wer auf der Bellenhöhe übernachtet, kann als Frühsport den Trimm-Dich-Parcours meistern oder ausgeschilderte Wander- und Radtouren unternehmen. Wir aber starten ein Stück auf dem Höhenrücken Richtung Kirchhofen. Über die Schloss- und Lazarus-von-Schwendi-Straße gelangen wir zur Staufener Straße, überqueren diese und können in der Krozinger Straße zur Lorenz-Strauße gehen (siehe Stellplatzalternative). Frisch gestärkt stiefeln wir über die Möhlin- und die Erlenstraße, später über die Schwimmbadstraße und die Staufener Straße zurück zum Stellplatz (insg. 7,5 km, 1,5 Std. Gehzeit ohne Schwierigkeiten).

Radtouren / Mountain Biking

In Ehrenkirchen wird an gemütliche Radtouren für Familien (Familientour 13,9 km, 105 m Höhendifferenz rund um Ehrenkirchen) und drei Mountain Bike Touren verschiedener Ansprüche gedacht.

Eine mittelschwere Route führt durch den Ehrenstetter Grund (20,8 km/452 m Höhendifferenz), eine weitere durch den Norsinger und Ambringer Grund (18,5 km/380 m Höhendifferenz).

Der Höhenweg gehört der anspruchsvollen Kategorie an. Die Route ist 23 km lang/513 m Höhendifferenz) und führt vom Rathaus durch den Ambringer Grund über Laitschbacher Kopf und Kohlbühl zu den Kohlerhöfen (Einkehr). Retour geht es am Streitbanner-Kopf vorbei zurück nach Ehrenkirchen.

Sie möchten nun einen kleinen, aber feinen Abstecher ins idyllische Schwarzwaldtal von **St. Ulrich** machen? Lassen Sie uns etwas Schwarzwaldluft schnuppern und einen der höchsten Schwarzwaldgipfel, den Schauinsland, sehen. Und wenn wir schon mal da sind, nehmen wir gleich zwei Plätze mit, an denen Sie sich mit typischen Waren eindecken und - **jeweils auf Anfrage nach dem Einkauf** - nach der Gelegenheit für eine Übernachtung fragen können. Grundsätzlich möchte man die beiden Höfe nicht als Stellplatz für Wohnmobile verstanden wissen, ist einer Übernachtung auf Anfrage und bei Bedarf gerne aufgeschlossen.

EHRENSTETTEN - SCHLIERBERGHOF

Stellplatzart: .... Hofladen
GPS: N47 54 43.7 E7 46 00.3
Adresse: .... D-79285 Ehrenkirchen,Schlierberghof
Tel.: .... +49(0)7633/59 48
Homepage: .... www.schlierberghof.de
mailto: .... info@schlierberghof.de
Zufahrtinfo: Von Ehrenstetten Richtung Bollschweil halten, bis in einer markanten Linkskurve schon bald nach der Ortsausfahrt die Zufahrt zum Schlierberghof rechts ab ausgeschildert ist.
Kurzbeschreibung: Gut sortierter Hofladen mit ansprechendem Angebot an Obst, Fruchtsäften, diversen Schnäpsen und vieles mehr aus eigener Herstellung. Bitte fragen Sie bei Familie Metzger nach, wo Ihr Reisemobil während des Aufenthaltes bzw. der Nacht parken kann.

EHRENSTETTEN - ÖLBERGBRENNEREI KARL RUCH

Stellplatzart: .... Hausbrennerei/Hofladen
GPS: N47 54 55.7 E7 45 55.3
Adresse: .... D-79285 Ehrenstetten, Wentzingerstraße 45
Tel.: .... +49(0)7633/8 15 00
Homepage: .... nicht verfügbar
mailto: .... nicht verfügbar
Zufahrtinfo: Wie Zufahrt zum Schlierberghof, aber an dessen Zufahrt noch ca. 200 m weiter Richtung Bollschweil, dann links ab ausgeschildert.
Kurzbeschreibung: Kleiner Parkplatz für Kunden und Hausgäste/Mieter, daher begrenztes Platzangebot, für größere Wohmobile > 6 m nicht geeignet. Aus diesem Grund vorherige Anfrage unbedingt erforderlich, wenn man für einen Fahrradausflug, eine Wanderung oder gar über Nacht parken möchte. Oder man weicht auf den zuvor beschriebenen Wohnmobil-Parkplatz beim Rathaus aus.

In **Bollschweil** ist die genossenschaftlich organisierte Gaststätte Bolando an der Ortsdurchfahrt zu erwähnen. Nur ist leider kein Parkplatz vorhanden, der für ein Wohnmobil taugen würde. Doch vielleicht sind Sie gut bei Puste und haben das Wohnmobil am Stellplatz in Ehrenkirchen stehen lassen, um den Ausflug als schöne Radtour zu machen? Ob auf zwei oder auf vier Rädern - wir fahren noch ein Stück Richtung **Sölden** und folgen der Ausschilderung nach **St. Ulrich**. Zunächst steigt die Straße mäßig an, bis die schmucke Klosteranlage erreicht ist. Dann müssen die Radler ordentlich in die Pedale treten, die Wohnmobilfahrer Lenkrad und Gaspedal kräftig nutzen, um über den Weiler **Geiersnest** zum **Wanderparkplatz Gerstenhalm** zu gelangen (**GPS** N47 55 06.9 E7 51 09.3, leicht schräg, bedingt für eine Übernachtung tauglich). Hier schließt sich eine kleine, aussichtsreiche Wanderung an. Es sind mehrere Rundtouren ausgeschildert, von denen wir die kleinste, mit roter Markierung versehene Tour ausgesucht haben. Meist liegt das mächtige Massiv des **Schauinsland** im Blick, den man von hier gut zu Fuß und mit dem Mountain Bike erreichen kann. Für Wanderfreunde sei im Talgrund der **Bergbauhistorische Lehrpfad mit der Ruine Bierchiburg** erwähnt.

Wer sich auf Schusters Rappen oder mit dem Fahrrad aktiv betätigt, hat sich eine ausgiebige Rast im **Gerstenhalm Stüble** etwa 200 m unterhalb des Wanderparkplatzes redlich verdient. Dort schmeckt das Schwarzwälder Vesper besonders gut. Der Genuss wird abgerundet durch eine der schönsten Aussichtsterrassen im Schwarzwald mit einem herrlichen Bergpanorama.

Bald sind wir wieder talwärts Richtung **Ehrenkirchen** gekurvt und setzen unsere eigentliche Route durchs Markgräflerland fort. Verspüren Sie nun auch das Bedürfnis an einem Rundum-Wohlfühl-Tag? Dann also auf nach **Bad Krozingen**, wo dieses Bedürfnis gestillt werden kann. Wir rollen in wenigen Minuten von Kirchhofen zur B3, biegen links ab und gelangen in den Badeort. Bei der Therme ist die Suche nach einem komfortablen Wohnmobil-Stellplatz schnell beendet, denn die Kur- und Bäderverwaltung hat diesbezüglich bestens vorgesorgt.

BAD KROZINGEN - VITA CLASSICA THERME

Stellplatzart: Wohnmobil-Stellplatz
GPS: N47 55 0.5 E7 41 17.0
Adresse: D-79189 Bad Krozingen, Thermenallee
Tel.: +49(0)7633/40 08-163 oder -165
Homepage: www.vita-classica.de
mailto: tourist.info@bad-krozingen.info

Zufahrtinfo: Zunächst halten wir uns zum Zentrum und orientieren uns an den allgegenwärtigen Ausschilderungen zur Vita Classica Therme (vor der Zone 20 rechts ab die Umfahrung des Zentrums nutzen!).

Kurzbeschreibung: Beidseits der Zufahrtstraße zur Vita Classica und zu den Kuranlagen eingerichteter Wohnmobil-Parkplatz mit sehr guter Ausstattung (Preise 2012: Strom € 2,50/4 Ampère bzw. € 3,50/16 Ampère pro Nacht, Ver-/Entsorgungsstation), 60 Stellplätze. Wenige Schritte zur beliebten, vor kurzem grundlegend modernisierten Therme und zum Kurpark.

Stellplatzgebühr 2012: € 9,50/Mobil. Einige Bonbons: Mit der Stellplatzgebühr erhalten Sie die **Konus-Karte**; ab 3 Nächten am Stück gibt es eine Freikarte in die Therme, ab 7 Nächten ein Wannenbad gratis etc.

Beachten Sie: In der Hauptsaison und an Hochbetriebs-Wochenenden (Ostern etc.) ist Vorreservierung zu empfehlen (Tel. +49(0)7633/1 57 39). Bei Bedarf steht ein Camping Servicemobil zur Verfügung (Tel. 0172/6 14 16 73). Platzanmeldung erfolgt am Stellplatz im Kassenhäuschen, am Kiosk oder bei der Tourist-Information, in eiligen Fällen auch bei der Kasse der Therme. Es wird mehrmals täglich kontrolliert und, wenn nötig, eine Zahlungsaufforderung angebracht, die an den genannten Stellen zeitnah zu bezahlen ist.

DIE VITA CLASSICA THERME IN BAD KROZINGEN SOWIE EIN PAAR WORTE ZUR STADT- UND BÄDERGESCHICHTE

Krozingen: Früher war der Ort ohne Stadtrecht und ohne „Bad" ein ganz normales Markgräfler Winzer- und Bauerndorf, was keineswegs abschätzig gemeint ist. Schließlich haben all diese Dörfer und Städtchen zwischen Schwarzwald und Rhein ihren Charme und profitieren vom landschaftlichen und klimatischen Vorzug hier im Dreiländereck.

Für Krozingen wendete sich das Blatt zum (noch) Besseren, als man vor dem Ersten Weltkrieg voller Optimismus nach Erdöl bohrte. Zwar stand zunächst Enttäuschung in den Gesichtern, denn das schwarze Gold fand man nicht. Wohl aber sprudelte munter kohlesäurehaltiges Thermalwasser aus dem Bohrloch. Das Bad Krozinger Mineral-Thermalwasser ist eines der kohlensäurehaltigsten weltweit, was außerordentlich zur Entspannung und zum Wohlbefinden beiträgt. So erhielt der Ort 1933 nach zusätzlichen Bohrungen nach Thermalquellen den Zusatz „Bad" und es entwickelte sich eine Badekultur, die sicher auch ein wenig von alter, römischer (Bade-)Tradition profitierte, wovon auch der Name „Vita Classica" zeugt.

Nach der Nutzung der Kur- und Badeanlagen als Lazarett während des Krieges entstand 1959 ein neues Kurhaus und der Kurpark beidseits des Flüsschens Neumagen. Hier können die Gäste nicht nur gemütlich flanieren, sondern jeden Sommer ein Open-Air-Festival und viele andere Veranstaltungen genießen. Mithin entwickelte sich ein reger Kur- und Badebetrieb. Im Sog der heilenden Wirkung des Thermalwassers und in guter Nachbarschaft zur Freiburger Universitätsklinik entstanden Kurkliniken und eines der führenden Herzzentren.

Der Wellness-Trend trug weiter intensiv zum Erfolg der Kur- und Bäderanlagen bei. Die Therme wurde jüngst grundlegend modernisiert und strahlt nun - bildlich gesprochen - als heller Stern am Bade- und Wellness-Himmel. Es gibt weit mehr als „nur" großzügige Schwimmbekken im Innen- und Außenbereich mit entspannendem, 26-36°C warmem Thermalwasser. Die auch architektonisch sehr ansprechend gestaltete Vita Classica bietet ein Saunaparadies mit viel Atmosphäre. Sie finden dort ein japanisches Ruhehaus mit authentischem Flair. Es wurde in der japanischen Partnerstadt Naoiri entwickelt und geplant, um vor Ort von japanischen und heimischen Zimmerleuten aufgebaut zu werden. Sie können auch eine Bade- und Massageanwendung aus 1001 Nacht im marokkanischen Bad buchen, das Türkische Bad genießen oder sich eine indische Ayurveda-Anwendung gönnen.

Weitere Info: Tel. +49 7633 4008-140, www.vita-classica.de

Sehenswertes in Bad Krozingen

Natürlich ist Bad Krozingen in erster Linie ein Kur- und Badeort, was die meisten Gäste hierher zieht. Doch schauen Sie sich unbedingt das Eine oder Andere außerhalb der Therme an - es lohnt sich! Gehen Sie vom Wohnmobil-Stellplatz gemütlich durch den Kurpark, in dem besonders im Frühjahr der Duft unzähliger Blüten um die Nase zieht. In der Nähe des Kurhauses sind die Blütenskulpturen in Pfauenform ein Blickfang, ebenso wie uralte Baumbestände und der Staudengarten. Mit Kinderspielplatz, Vogelvoliere, Hochseilgarten, Tiergehege, Tennisplätzen, Minigolf sowie Finnbahn ist für jeden etwas dabei. Informative Hintergrundinformationen sind auf großen Tafeln zusammengefasst, und es werden Führungen angeboten. Der Park wird vom Neumagen durchflossen, der im Schwarzwald entspringt.

Über das interessante Veranstaltungsprogramm, unter anderem die Open-Air-Konzerte im Sommer, sollten Sie sich über die Homepage des Kurortes informieren.

Im Ort lädt die gemütliche Fußgängerzone zum Einkaufsbummel ein. Mehrere sehenswerte Kirchen und Kapellen sind zu bestaunen. Die vor wenigen Jahren ausgebrannte, aber sehr schön wieder aufgebaute St. Alban Kirche im Zentrum ist einen Besuch wert, ebenso wie die Glöcklehofkapelle und die Fridolinskapelle.

In der Glöcklehofkapelle (Glöcklehofweg) wurde 1938 von einem fachkundigen Kurgast eher zufällig eine der ältesten Christus-Darstellungen nördlich der Alpen entdeckt. Kapelle und wertvolle Fresken datieren vermutlich aus dem Jahr 1025. Die Fridolinskapelle finden Sie im Süden der Stadt (Ortsteil Kems) in der Kapellenstraße, mitten auf der Kreuzung stehend. Die heutige Kapelle wurde nach dem 30-jährigen Krieg errichtet. Der Altar wurde Anfang des 17. Jahrhundert. von Abt Martin I. gestiftet.

In einem Park im Südwesten der Stadt (Basler Straße) liegt das aus dem 16. Jahrhundert stammende **Renaissanceschloss** der Freiherren von Gleichenstein. Es war zunächst Propstei des Benediktinerklosters St. Blasien und wurde im 18. Jh. im Stil der Zeit umgebaut. Seit 1974 beherbergt das Schloss eine **Sammlung historischer Tasteninstrumente** aus dem 17.-19. Jahrhundert, die der Cembalist Professor Fritz Neumeyer (1900-1983) zusammengetragen hatte. Zu sehen sind die Instrumente im Rahmen der regelmäßig stattfindenden Schlosskonzerte und in begrenztem Umfang zu folgenden Öffnungszeiten: Alle 14 Tage vor und während eines Konzertes, Do ab 16 h und nach Vereinbarung. Infos in der Tourist-Information.

Das **Museum im Litschgihaus**, ein zweiteiliges Barockgebäude der Savoyerfamilie Litschgi, umfasst eine archäologische Abteilung mit steinzeitlichen Funden. Erklärt werden hauptsächlich Werkzeuge und Techniken des Haus- und Landbaus vor über 9.000 Jahren. Weiterhin zeigt das Museum wechselnde Sonderausstellungen. In der Dauerausstellung des Stadtmuseums gilt es die Geschichte der Römer und Alamannen in Bad Krozingen kennenzulernen. Zahlreiche Funde, die während der Erschließung eines Neubaugebietes Anfang der 1970er Jahre entdeckt worden waren, sind ausgestellt. Sie entstammen einer römischer Siedlung am Weg von Basel nach Mainz. Im Gewölbekeller des Stadtmuseums werden Schmuckstücke und Waffen aus einem merowingerzeitlichen Gräberfeld gezeigt. Sehr interessant ist die steinerne Grabkammer aus dem 8. Jh. mit dem Skelett einer Frau und reichen Grabbeigaben für ihr Leben im Jenseits.

Öffnungszeiten: Di-Do und So/Feiertag 15-17 Uhr.

Sportliche Aktivitäten

Bad Krozingen bietet auch über die Vita Classica Therme hinaus viel für Ihr aktives Urlaubserlebnis, zum Beispiel im **Aquarado Freizeitbad** mit Riesenrutsche, Innen- und Außenbecken (Sportbecken) sowie einem umfangreichen Angebot für Kinder und Jugendliche (Schwimmbadstraße 20, Tel. +49 7633 9277-12, www.aquarado.de).

Wie schon von Ehrenkirchen aus, kann man auch in Bad Krozingen bestens zu herrlichen **Fahrradtouren** aller Ansprüche starten, sei es die gemütliche Tour ohne große Herausforderung im Rheintal oder die anspruchsvolle MTB-Route bis hinauf zu den Gipfeln des Hochschwarzwaldes. Auch hier hat man für eine sehr gute Ausschilderung der Radwege gesorgt. Übrigens bietet die Vita Classica auch eine E-Bike-Miet- und Ladestation für all diejenigen, welche diese angenehme und moderne Art Zweirad zu fahren bevorzugen. Für das umfassende Tourenangebot hält die Tourist-Information ausführliche Prospekte und Karten bereit.

Wandern / ausgedehnter Spaziergang

Für eine kleine Wanderung sollte Zeit bleiben. Für den abendlichen Spaziergang vom Wohnmobil-Stellplatz aus, oder für die gemütliche Radtour, ist der Rundweg um den Krozinger Hügel herum sehr gut geeignet.

Dort finden Sie einen Picknickplatz mit Schwarzwald-Panorama vom Kandel im Norden bis zum Blauen im Süden. Auf der anderen Seite liegen die Vogesen und rundherum Weinberge, Felder und Wälder - herrlich!

Der etwa 30-minütige Rundweg lässt sich, besonders mit dem Fahrrad, gut zu einer Tour in die Stadtteile **Tunsel** und **Schlatt** erweitern, wovon wir uns den Besuch in der sehr alten, romanischen **St. Sebastians-Kirche** in **Schlatt** ausgesucht haben (siehe Bild rechts) und deren Besichtigung wir empfehlen können.

Radtour durch die Krozinger Stadtteile

Folgen Sie uns auf eine Radtour entlang des **Neumagen** (autofreier Fahrweg entlang des Flüsschens). Wir radeln zunächst in nordwestlicher Richtung nach **Biengen**, um das **Dorfmuseum** zu besuchen. Dieses hat der Dorfverein zur Veranschaulichung des Lebens und Arbeitens früherer Tage eingerichtet (Geöffnet ist das Museum leider nur an jedem 2. und 4. Sonntag im Monat von 14:30-17:00 h oder nach Vereinbarung. **Adresse**: Hauptstraße 23, Tel.: 07633/407-169 oder 3620 oder 4234).

Sehr schön zu besichtigen ist die St. Leodegar Kirche mit ihrer Barockausstattung. Das Gotteshaus ist dem kleinen, schmucken Schloss direkt benachbart. Der Hügel, auf dem die Kirche erbaut wurde, bietet darüber hinaus einen tollen Ausblick.

Wenn Ihnen der Sinn nach einer Straußwirtschaft steht, können sie an der Schlossstraße **Möhr´s Straußwirtschaft** besuchen. Nach der Stärkung halten wir uns links, um beim **Hippenkreuz** am Rand eines Neubaugebietes rechts auf der kaum befahrenen Straße nach **Offnadingen** zu strampeln. Zwar gehört es nicht zu Bad Krozingen, wir möchten aber nicht den gleichen Weg nehmen, den wir gekommen waren. Beim **Gasthof Adler** (Einkehralternative, wenn die Strauße geschlossen ist) halten wir uns rechts auf die Hauptstraße und dann in südwestlicher Richtung durch die Felder zurück nach Bad Krozingen.

Entlang der Bahn gelangen wir durch das Industriegebiet zum Kurgebiet zurück zum Wohnmobil. Wer noch Energie und Lust verspürt, radelt (wie beschrieben) nach **Schlatt** und **Tunsel**. Sind Sie immer noch nicht ausgelastet, können Sie am Neumagen entlang flussaufwärts nach **Staufen** radeln (oder wandern). Tourlänge ca. 10 km, mit Tunsel/Schlatt ca. 17 km, kaum nennenswerte Steigungen/Gefälle. Wir überholen Sie derweil im Wohnmobil, denn Staufen ist unser nächstes Ziel. Wer Zubehör, Service oder Gas benötigt, steuert sein Mobil nach **Biengen** (CFS Hentrich GmbH - **GPS** N47 56 26.3 E7 41 9.8, Elsässer Straße 2, 79189 Biengen).

Zwar war Goethe nie in **Staufen i. Br.**, wurde aber vom berühmtesten Bürger der Stadt inspiriert, der den Herren von Staufen Gold herstellen sollte. Faust starb bei einer Explosion und gelangte so zu literarischem Ruhm.

Die Stadt hat ihre schöne mittelalterliche Atmosphäre über den Krieg hinaus retten können, obwohl einige Zerstörungen und Opfer zu verzeichnen gewesen waren. Es mag missverständlich sein, dass die aktuelle Zerstörung, die aus misslungenen Erdwärmebohrungen resultiert, zerstörerischer erscheint, als die Schäden aus Kriegszeiten. Deren Narben sind jedoch verheilt, zumindest wenn man das menschliche Leid hier außen vor lässt.

STAUFEN DARF NICHT ZERBRECHEN

Das steht unübersehbar auf roten Bändern, die über die deutlichen, teils unterarmstarken Risse in vielen historischen Fassaden geklebt wurden, um auf das Problem aufmerksam zu machen. Nach wie vor hebt sich der Untergrund des Städtchens, weil Wasser durch die Bohrlöcher in die Gipskeuperschicht eindringen konnte. Sie dehnt sich nun um mehrere Zentimeter pro Jahr aus und bringt so die Mauern von fast 260 Häusern zum Bersten. Die ausführende Firma soll die Bohrlöcher mit einem falschen Beton verfüllt haben. Für viele Einwohner ist es ein kaum zu bewältigender Schaden, denn zahlen will (und kann) ihn niemand ohne weiteres. Deshalb hat die Stadt eine Schlichtungsstelle eingerichtet, und die Landesregierung hat finanzielle Hilfe signalisiert.

Doch Staufen ist und bleibt ein sehr schönes Städtchen, das man auf keiner Reise durchs Markgräflerland auslassen sollte. Überragt wird es von der Ruine der Burg, die mit ihrer exponierten Lage über Stadt und Land zu wachen scheint. Egal, was Sie ansonsten unternehmen möchten - lassen Sie sich die Besteigung des Schlossberges nicht entgehen. Und da noch mehr ansteht, kümmern wir uns zunächst um die Stellplatzfrage.

STELLPLATZSITUATION IN STAUFEN

Man überlegt in Staufen seit Jahren einen Stellplatz für Wohnmobile zu schaffen. Der Bedarf ist der Stadtverwaltung wohl klar, doch eine Entscheidung diesbezüglich wird immer wieder aufgeschoben. Vielleicht haben die geschilderten, viel gravierenderen Probleme da schlicht Vorrang? Verständlich irgendwie! So müssen wir uns mit pragmatischen Lösungen behelfen und haben diese natürlich auch für Sie gefunden. Weitere Alternativen finden Sie im nahen Umland.

Zunächst hier zwei Parkplätze in Innenstadtnähe, bei denen die Stadtverwaltung das Verweilen von Wohnmobilen für eine Nacht duldet:

STAUFEN - OBERER SCHLADERERPLATZ

Stellplatzart:..Öffentlicher Parkplatz
GPS: N47 52 41.8 E7 43 52.3
Adresse: .... D-79219 Staufen, Am Schießrain 5
Zufahrtinfo: Von Bad Krozingen kommend an der Ampel vor dem Städtchen die Umfahrung nutzen (rechts ab) und 1,6 km durch die Neumagenstraße (später Münstertäler Straße) bis zur Schladererstraße, links abbiegen und den Parkplatz rechts auswählen (gebührenfrei).
Kurzbeschreibung: Geschotterter, zentrumsnaher Parkplatz überwiegend mit PKW-Parkbuchten, aber auch ein paar Stellplätzen, die für Wohnmobile ausreichend sind. Bitte keinesfalls über mehrere Parkbuchten hinweg parken!
Alternative: **Sportplatz/Schulzentrum:** Nicht bis zur Schladererstraße fahren, sondern kurz vorher rechts ab in die Grunerner Straße (L125), dann bis zum links gelegenen Schulzentrum/Sportanlagen, wo sich ein weiterer Parkplatz findet (GPS N47 52 41.5 E7 43 33.3, Grunerner Straße).

STAUFEN - P19 (KROZINGER STRASSE)

Stellplatzart:..Öffentlicher Parkplatz
GPS: N47 53 26.9 E7 43 37.8
Adresse: .... D-79219 Staufen, Krozinger Straße
Zufahrtinfo: Wer ein kleines Wohnmobil besitzt, fährt von Bad Krozingen kommend an der Ampel geradeaus (Richtung Altstadt) auf den gleich links liegenden **P19** (max. 2,8 t!).
Kurzbeschreibung: Geschotterter, zentrumsnaher Parkplatz (5-10 Min Fußweg)
Alternativen: Weiter auf den Bahnhofsparkplatz (N47 53 4.90 E7 43 46.8, Gebühr).Parkplatz Bahnhof mit PKW-Parkbuchten. Ein **Parkstreifen am Fuß des Schlossberges** an der Krozinger Straße bietet häufig auch genug Platz für Ihr Mobil - eine sinnvolle Alternative in Verbindung mit der Einkehr in der Straußwirtschaft/Weingut Wiesler.

STAUFEN - GUTSSCHÄNKE UND WEINGUT WIESLER

Stellplatzart: Weingut und Straußwirtschaft
GPS: N47 53 09.8 E7 43 44.9
Adresse: D-79219 Staufen, Krozinger Straße 26
Tel.: +49(0)7633/69 05
Homepage: www.weingut-wiesler.de
mailto: info@weingut-wiesler.de
Zufahrtinfo: Wie Zufahrt P19, 200 m weiter fahren/rechts ab.

Kurzbeschreibung: Beidseits des Hofgebäudes Parken f. PKW. Bei Übernachtungswunsch im Reisemobil vorher anrufen. Strauße offen April/Mai u. Sept./Okt. Spezialitäten: Flammenkuchen, Schäufele/Kartoffelsalat. Do/Fr ab 17 h, Sa/So ab 16 h, Weinverkauf werktags ganzjährig ab 15 h.

STAUFEN - LANDGASTHOF ST. GOTTHARD

Stellplatzart: Restaurant
GPS: N47 53 21.4 E7 44 51.0
Adresse: D-79219 Staufen, Bötzenstraße 29
Tel.: +49(0)7633/74 20
Zufahrtinfo: An der Ampel von Bad Krozingen her links, 1 km Richtung Kirchhofen fahren, dann rechts in den Rothofweg, auf enger Straße ins Tal bis zur Gaststätte.

Kurzbeschreibung: Gemütlicher Gasthof mit herrlicher Gartenterrasse. Blick auf Vogesen/Kaiserstuhl. Regionale, deftige Küche, gemütliche Gaststube. Mo/Di Ruhetag.
Sonstiges: An der Zufahrt **Rothof Straußi** (offen ca. Ostern bis Anfang Oktober, Tel.: +49(0)7633/76 80, GPS N47 53 31.4 E7 44 50.9.

STAUFEN - KERBERS STRAUSSI

Stellplatzart: Weingut und Straußwirtschaft
GPS: N47 53 34.4 E7 44 09.3
Adresse: D-79219 Staufen, Aussiedler Breite 1
Tel.: +49(0)7633/57 05
Homepage: www.aufderbreite.de
mailto: info@aufderbreite.de
Zufahrtinfo: Wie Zufahrt St. Gotthard Gaststätte, aber schon nach 350 m rechts dem Schild folgen, gleich links und wieder rechts, dann bis zum Parkplatz nach 250 m.
Kurzbeschreibung: Straußwirtschft und Hausbrennerei, geöffnet ca. Mitte März bis 1. Mai und Mitte Juli bis Anfang Oktober, Dienstag Ruhetag, sonst tgl. ab 17 Uhr offen, Sa/So/Feiertag ab 15 Uhr. Juli/August mittwochs Grillabend, interessante Live-Musik - siehe Website. Platz für Wohnmobil vorhanden, Anschluss Strom/Wasser in Planung.

STAUFEN - CAMPINGPLATZ BELCHENBLICK

Stellplatzart: .... Campingplatz
GPS: N47 52 19.8 E7 44 10.0
Adresse: .... D-79219 Staufen, Münstertäler Str. 43
Tel.: .... +49(0)7633/70 45
Homepage: .... www.camping-belchenblick.de
mailto: .... info@camping-belchenblick.de

Zufahrtinfo: Über Neumagen- und Münstertäler Straße zum Ortsausgang fahren, dann links ab ausgeschildert.
Kurzbeschreibung: Sehr gut ausgestatteter 5-Sterne-Platz mit Schatten spendendem Baumbestand, Restaurant, Laden, Hallen- und Freibad, V/E-Station, WLAN u. v. m.
Wenn Sie sich hier einbuchen, profitieren Sie zudem davon, dass die Stadt Staufen am Konus-System teilnimmt. Mit der Gästekarte nutzen Sie den ÖPNV im Geltungsgebiet kostenfrei. Da kann Ihr Mobil gut und gerne mal stehen bleiben, wenn Sie mit Bussen und Bahnen unterwegs sind.

Sie gelangen von allen Stellplätzen und vom Campingplatz aus mit wenig Zeitaufwand und etwas Puste zur frei zugänglichen **Burgruine**, wobei wir nicht jede Wegvariante im Detail beschreiben können und brauchen, hat man doch das Ziel immer gut im Blick. Die Burg wurde 1248 erstmals erwähnt und 1633 von den Schweden niedergebrannt.

Fragen Sie vor Ort nach dem besten Weg, Ihre Gastgeber sind hilfsbereit. Vom Städtchen aus sind die Zugangswege zur Burg durchweg gut beschildert. Kalkulieren Sie ca. 20-30 Minuten, um hinauf zu gelangen. Nehmen Sie sich die Zeit dazu. Der Ausblick übers Rheintal zu den Vogesen sowie auf die Stadt und den Schwarzwald ist herrlich!

Erste Siedlungen können bereits bis zur Bronzezeit zurück verfolgt werden. Das Städtchen profitierte im Mittelalter vom Silberbergbau, wie viele andere Orte im Schwarzwald auch, allen voran Freiburg i. Br.

Am 8. Februar 1945, kurz vor Ende des Zweiten Weltkriegs, erlitt Staufen einen schweren Luftangriff, der große Zerstörungen und Leid über die Stadt brachte. Doch beim Wiederaufbau gelang es die Stadt so wieder herzurichten, dass sie ihren alten Charme zurück erhielt und wir heutzutage einen schönen Aufenthalt in den alten Gassen genießen können.

Sehenswertes in Staufen - Stadtrundgang

Um es einfach zu machen, starten wir den Rundweg beim **historischen Rathaus** mit seiner sehr schönen Fassade. Auch sie ist leider massiv vom zerstörerischen Werk der Ausdehnung der tiefen Gipskeuperschicht unter der Stadt betroffen. Man kann nur hoffen, dass es gelingt, das in den Griff zu bekommen, damit die Gäste und Bewohner all das noch lange genießen können.

Im Rathaus befindet sich die **Tourist-Information** (Hauptstraße 53, Tel.: +49(0)76 33/805-36, mailto:ti-staufen@muenstertal-staufen.de, www-muenstertal-staufen.de). Hier erhalten Sie ausführliche Informationen. Zugleich können Sie selbst sehen, wie sich die Risse im Inneren der Gebäude bemerkbar machen. So kann man abschätzen, welche Auswirkung das für Privatleute hat, deren Haus völlig unverschuldet zerbröckelt.

Die bekanntesten Figuren Staufens sind, auch wenn sie der Literatur entspringen, Faust und Mephistopheles. Doch lässt sich die Atmosphäre der Stadt allein damit nicht wiederspiegeln, weshalb wir uns dem unter Denkmalschutz stehenden Altstadtbereich widmen. Sie finden überall in der Stadt an interessanten Punkten kleine Tafeln mit Hintergrundinformationen. Mehr über all das erfahren Sie im **Stadtmuseum** im Rathaus (Öffnungszeit: Mo. 8-12 h und 14-18 h, Di-Fr 8-12 h, Sa/So 14-17 h, Dez-Feb an Wochenenden geschlossen; Zutritt während der Öffnungszeit des Rathauses frei, am Wochenende € 1,00.

In der Tourist-Information können Sie auch eine Führung durch die Welt der Hausbrennerei buchen, die in der Feriensaison mittwochs 14 h stattfindet. Die **Hausbrennerei Alfred Schladerer** führt ihr altes Handwerk gerne vor. Im zugehörigen Lädele

(Alfred-Schladerer-Platz 1, Tel. +49(0)7633/8 32-0, mailto:info@schladerer.de, www.schladerer.de) werden die bekannten und guten Obstbrände, zu denen umliegende Bauern das Obst liefern, und historisches Zubehör ansprechend präsentiert. Das **Puppenmuseum** (Hauptstraße 25) dürfte jüngeren und älteren Damen feuchte Augen bereiten. Öffnungszeiten: Di-So 11-18 h (letzter Einlass 17 h, geschl. Weihnachten und Silvester, Tel.: +49(0)7633/4 06 90 36, www.puppenmuseum-staufen.de). Weiterhin sehenswert ist das **Keramikmuseum**. Öffnungszeiten: Feb-Nov Mi.-Sa. 14-17 h, So. 11-13 h u. 140-17 h (Erw. € 2,50, ermäßigt €1,50, Familien € 4,00 EUR, frei für Kinder bis 14 und mit Oberrheinischem Museumspass). Wer pointiert vorgetragene Stadtführungen mag, sollte sich nach den (teuflisch guten) Stadtführungen von Outdoortheater, nämlich der **Mephisto Tour,** erkundigen.

i AUSFLUG INS MÜNSTERTAL

Staufen können und möchten wir nicht alleine dastehen lassen, ohne das benachbarte Münstertal als Tor zum Hochschwarzwald zu erwähnen und in groben Zügen zu beschreiben.

Dabei mögen Sie uns nachsehen, dass wir im parallel entstehenden **Wohnmobil-Reiseführer mobil & und aktiv erleben - Naturpark Südschwarzwald** detaillierter darauf eingehen. In diesem Buch beschränken wir uns auf die Nennung der wichtigsten Höhepunkte des Münstertals, allen voran die mächtige **Klosteranlage St. Trudpert** im oberen Münstertal. Das Kloster wurde im 7. Jh. durch den Hl. Trudpert am Fuß des zweithöchsten Schwarzwaldgipfels, des Belchen (1.414 m), gegründet. Einen Besuch dort sollten Sie sich nicht entgehen lassen.

Weiterhin finden Sie im Münstertal einen der letzten Köhler, der auf traditionelle Weise Holzkohle im aufgeschichteten Meiler produziert. Ein altes **Silberbergwerk** wurde zum **Besuchsbergwerk Teufelsgrund** umgebaut. Nicht zuletzt können Sie hier den **Kaltwasserhof** besuchen, der aus der Fernsehserie ‚Schwarzwaldhaus 1902' bekannt ist.

FERIENCAMPING MÜNSTERTAL

Stellplatzart: .... Campingplatz
GPS: N47 51 34.9 E7 45 49.1
Adresse: .... D-79244 Münstertal, Dietzelbachstraße 6
Tel.: .... +49(0)7636/70 80
Homepage: .... www.camping-muenstertal.de
mailto: .... info@camping-muenstertal.de
Zufahrtinfo: Über Neumagen- und Münstertäler Straße zum Ortsausgang fahren, dann links ab ausgeschildert.
Kurzbeschreibung: Wie in Staufen ein 5-Sterne-Platz mit Schatten spendendem Baumbestand, Restaurant, Laden, Hallenbad und vielen Möglichkeiten zur Freizeitgestaltung ringsum. Auch im Münstertal profitieren Sie vom Konus-System (ÖPNV im Geltungsgebiet kostenfrei).

Sportliche Aktivitäten - Wandern und Rad fahren

Staufen und das Münstertal bieten ein kaum zu bewältigendes Angebot an Freizeitaktivitäten an der frischen Luft. Für uns steht das Wandern im Vordergund. Doch müssen wir zugeben, dass uns die Einkehr in einer Straußwirtschaft, ein Stadtbummel mit einem Cafébesuch und der Spaziergang zur Burg mehr lockte.

Radtour

Auch in die Pedale zu treten macht Spaß. Wer es bequem möchte, findet in Staufen und Münstertal eBike-Stationen oder radelt am Neumagen entlang bis Bad Krozingen. Mountain Biker mit Kondition und Übung folgen der Tour zur **Kälbelescheuer** (2,5 bis 3 Std., 1.600 m Höhendifferenz, 45 km Fahrstrecke).

Wir dagegen sind wir mit dem Touren- und Mountain Bike der Empfehlung der Tourist-Information auf die **Rebbergtour** gefolgt. Sie führt von Staufen über Grunern zum Fohrenberg, weiter nach Ballrechten-Dottingen, rund um den Castellberg und über den Fohrenberg zurück nach Staufen (15 km, 250 m Höhendifferenz, ca. 1,5 Std.).

FESTE/FEIERLICHKEITEN

Der Reigen der Feste beginnt mit einer lebhaften, traditionellen Fasnacht (Bild: Schelmenzunft beim V.O.N. Treffen 2012) und gipfelt im Bezirksweinfest im Sommer. Nicht zu vergessen ist das Musik- und Kulturprogramm. Mehr Info unter www.staufen-muenstertal.de.

Durch die Vorbergzone

Unsere Route führt durch die Vorbergzone des Schwarzwalds, wo wir schöne Plätze zum Verweilen finden, uns reichlich mit regionalen Produkten eindecken und herrliche Wander- und Radtouren unternehmen können. Es empfängt uns in Badenweiler zudem eine weitere Therme für Wellness-Freunde.

In Höhe des Campingplatzes in Staufen verlassen wir die L125 und fahren Richtung **Grunern**, um uns der Stellplatzfrage und zugleich den Freunden einer guten Einkehrmöglichkeit zu widmen.

GRUNERN - WIRTSHAUS ZUM ZOLLSTOCK

Stellplatzart: .... Gaststätte
GPS: N47 52 23.8 E7 43 38.9
Adresse: .... D-79219 Staufen-Grunern, Im Steiner 4
Tel.: .... +49(0)7633/92 43 53
mailto: .... info@zum-zollstock.de
Homepage: .... www.zum-zollstock.de
Zufahrtinfo: In Höhe des Campingplatzes Staufen die L125 überqueren und die südlich parallel verlaufende Straße Richtung Grunern bis zum Ortseingang nehmen, wo sich das Wirtshaus befindet.
Kurzbeschreibung: Gepflegtes Gasthaus mit Gartenwirtschaft (früher zum Rebstock) in der ehemaligen badischen Zollstation. Früher wurden Waren mit dem Zollstock gemessen, daher der Name. Regionale badische Küche und mediterrane Angebote. Parkplatz gegenüber der Straße, auf Anfrage nach Einkehr auch für Wohnmobile über Nacht.
Öffnungszeiten: Di-Fr 12-14 h Mittagstisch u. 17.30-22.30 h, So/Feiertag 10.30-22 h durchgehend warme Küche (Mo/Sa Ruhetage).

Wirtshaus zum Zollstock

Weingut Probst

GRUNERN - WEINGUT PROBST/STRAUSSWIRTSCHAFT

Stellplatzart: ....Weingut und Straußwirtschaft
GPS: N47 51 52.4 E7 42 58.9
Adresse: ....D-79219 Staufen-Grunern, Schleifsteinhof 2
Tel.: ....+49(0)7633/71 44
mailto: ....info@schleifsteinhof.de
Homepage: ....www.schleifsteinhof.de
Zufahrtinfo: 50 m nach dem Zollstock links in die Dorfstraße, nach 500 m links in die Altenbergstraße und der Ausschilderung folgen.
Kurzbeschreibung: Auf einer aussichtsreichen Passhöhe im Rebberg gelegenes Weingut, älteste Straußwirtschaft der Region. Beliebtes Ausflugsziel. Es ist vor allem bei Übernachtungswunsch oder längerem Parken sinnvoll, vorher anzurufen. Spielplatz für die Kleinen, schöne Terrasse. Gute Vesperplatte, hausgebackenes Brot. **Öffnungszeiten:** Di-Sa ab 12, So/Feiertag ab 10 h (dann herzhaftes Winzerfrühstück).

GRUNERN - WETTELBRUNN - WEINGUT LÖFFLER

Stellplatzart: ....Weingut und Straußwirtschaft
GPS: N47 52 06.2 E7 42 09.9
Adresse: ....D-79219 Staufen-Wettelbrunnn, Fohrenbergstraße 43
Tel.: ....+49(0)7633/63 07
mailto: ....info@weingut-loeffler.de
Homepage: ....www.weingut-loeffler.de
Zufahrtinfo: In Grunern ab Einmündung Dorfstraße (vom Zollstock oder vom WG Probst kommend) Richtung Ballrechten-Dottingen halten (L125) und nach 1,2 km rechts abbiegen. Nach knapp 200 m rechts zum Weingut.
Kurzbeschreibung: Weingut mit großer Auswahl hervorragender Weine, teils hohe Prämierungen. Zudem sehr gute Schnäpse/Edelbrände. Weinverkauf ganzjährig. In der angeschlossenen Straußwirtschaft (März-Mitte Juni, Mitte Aug.-Anf. Nov. Mo-Fr. ab 16 h, Sa/So ab 15 h offen) gute badische Küche. Wohnmobil-Stellplatz (Stromanschluss) für Gäste hinter dem Weingut.

ROUTE 2

Angesichts solch gemütlicher Einkehrmöglichkeiten, bei denen man uns auf Anfrage nach der Einkehr über Nacht Platz gewährt, fällt es leicht, Grunern als Ausgangspunkt für einen schönen Ausflug auf Schusters Rappen oder mit dem Fahrrad zu nehmen.

Wandern durch die Rebberge zum Castellberg

Wir wissen nicht, welchem der Stellplätzen Sie den Vorzug geben. Jedoch gelangen Sie sowohl vom Wirtshaus zum Zollstock als auch vom Weingut Löffler auf guten Rebwegen zum Weingut Probst. Dort nehmen Sie den Fahrweg Richtung Ballrechten. Zunächst passieren wir die Ziegelhof-Strauße, auf die wir später zu sprechen kommen und machen einen Schwenk ins Dorf mit vielen netten Häusern. Kurz vor der Kirche folgen wir der Ausschilderung zum Castellberg links und wandern gemütlich leicht bergwärts. Nun machen wir eine Runde gegen den Uhrzeigersinn um den **Castellberg** herum. Am Wegrand finden sich Tafeln mit Hintergrundinformationen zur Natur, zur Geschichte und zum sogenannten Castellbergprojekt. Mehrfach nehmen wir uns die Zeit um die Aussicht zu genießen (siehe Bild) und nutzen eine Sitzbank fürs gemütliche Picknick mit Blick ins Sulzbachtal.

Zuletzt erreichen wir auf der Ostseite des Castellbergs eine Häusergruppe und biegen davor der Ausschilderung zum Gipfel folgend scharf links ab. Kaum 5 Minuten später stapfen wir die Stiegen hinauf zur Plattform des **Aussichtsturmes** und genießen ausführlich das herrliche Panorama der Vogesen und des Kaiserstuhls auf der einen und zurück zum Schwarzwald auf der anderen Seite (Bild nächste Seite oben).

Der Rückweg führt uns zurück zur Häusergruppe, davor rechts ab und an der nächsten Wegkreuzung links. Nun folgen wir dem Fahrweg hinab Richtung Ballrechten, erreichen die Ziegelhof-Strauße (Einkehr - siehe späterer Stellplatztipp) und wandern von dort zurück über die Kuppe zum Weingut Probst.

Wer die Wandertour zum Castellberg kürzer gestalten möchte, steuert sein Wohnmobil nach **Ballrechten-Dottingen**. Im Ortsteil Ballrechten haben wir zwei Stellplatzalternativen für Sie gefunden. Fahren Sie von Wettelbrunn nach Ballrechten-Dottingen und folgen gleich der ersten Straße links hinauf. Gleich am Ortseingang, schräg gegenüber der Winzergenossenschaft, finden wir unsere erste Adresse, die zweite weiter im Tal.

BALLRECHTEN - WEINSTUBE SCHMID

Stellplatzart: .... Gaststätte
GPS: N47 51 41.4 E7 42 0.0
Adresse: .... D-79282 Ballrechten-Dottingen, Bächleweg 2
Tel.: .... +49(0)7634/82 32
mailto: .... info@weingut-schmid.de
Homepage: .... www.weingut-schmid.de

Zufahrtinfo: Von Wettelbrunn kommend links ab in den Ort fahren. Die Winzergenossenschaft rechts liegen lassen und wenige Meter danach links auf dem geschotterten Parkplatz vor dem unübersehbaren Gasthaus parken (Platz für 1-2 Wohnmobile mit etwa 6 m Länge).

Kurzbeschreibung: Traditionelles Gasthaus mit gutem Weinangebot und bodenständiger, badischer Küche.
Sehr schöner Innenhof für gemütliche Abende in der warmen Jahreszeit. Geöffnet Mi-Fr ab 17 h, Sa/So /Feiertag ab 11 h. Entsprechend dem Familienwappen sind besonders Hähnchengerichte beliebt.

BALLRECHTEN - ZIEGELHOFSTRAUSSE

Stellplatzart: .... Straußwirtschaft
GPS: N47 51 26.1 E7 42 25.2
Adresse: .... 79282 Ballrechten-Dottingen, Ziegelhofstraße 31
Tel.: .... +49(0)7634/83 94
mailto: .... info@ziegelhofstrausse.de
Homepage: .... www.ziegelhofstrausse.de
Zufahrtinfo: In Ballrechten biegen wir gleich in die erste Straße links ab in den Ort und fahren in die Weinstraße. Am Brunnen geht es links ab, um der Sonnenhofstraße immer geradeaus bis in die Ziegelhofstraße zu folgen. 150 m nach Ende der Zone 30 links möglichst weit oben auf dem Parkstreifen parken.

Kurzbeschreibung: Unbefestigter Parkstreifen neben der Zufahrt zur Straußwirtschaft. Die obersten Plätze sind nur leicht schräg, weiter unten dagegen kaum wohnmobiltauglich (schräg). Die letzen Meter zur Strauße zu Fuß gehen. Bei Platzmangel beim Personal nachfragen, der zeitweise alternative Parkplätze anbieten kann. In der Gaststätte bereitet man für die Gäste prima geröstete Leber und andere Fleischgerichte.
Öffnungszeit: Mo-Fr ab 17 h und Sa/So/Feiertag ab 12 h (kein Ruhetag).

Wir hatten das verträumte Städtchen **Sulzburg** schon vom Castellberg her von oben betrachtet. Nicht nur angesichts der traumhaft schönen Lage am Fuß des Schwarzwalds ist es unser nächstes Ziel.

Die Stadt schaut auf eine lange, interessante Geschichte und Bergbautradition zurück. An touristischen Attraktionen sind das **Landesbergbaumuseum** (Bild unten rechts) und die **jüdischen Gedenkstätten** in der ehemaligen **Synagoge** nebst **jüdischem Friedhof** zu nennen. Mittelalterliche Gassen und die alte, romanische **St. Cyriak Kirche** (Bild links) sind uns Anlass genug, etwas Zeit hier zu verbringen.

Als Besonderheit wartet Sulzburg in der Nachbarschaft mit einem Naturschwimmbad auf. In schöner Schwarzwald-Umgebung finden Sie Abkühlung im chlorfreien Naturschwimmbad (offen Ende Mai bis September täglich 9-20 h, je nach Wetterlage). Fürs leibliche Wohl haben Sie die Wahl zwischen mehreren Lokalen mit badischer Küche, von denen der zentral gelegene Hirschen als Stern am Gourmethimmel funkelt. Douce Steiner ist übrigens die jüngste unter den Sterneköchen Deutschlands. In Sulzburg sollte also wirklich für jede Besucherin und jeden Besucher etwas dabei sein. Zwei Campingplätze stehen den mobilen Besuchern zur Verfügung, wobei der untere einen Wohnmobil-Stellplatz bietet. Beachten Sie, dass Sulzburg seinen Gästen für die Kurtaxe eine Gästekarte mit Konus-Funktion ausgibt. Sie nutzen den ÖPNV im Schwarzwald also während Ihres Aufenthalts kostenfrei.

SULZBURG - TERRASSEN-CAMPING ALTE SÄGEMÜHLE

Stellplatzart: .... Campingplatz
GPS: N47 50 08.4 E7 43 25.9
Adresse: .... D-79295 Sulzburg, Badstraße 57
Tel.: .... +49(0)7634/55 11 81
mailto: .... info@camping-alte-saegemuehle.de
Homepage: .... www.camping-alte-saegemuehle.de
Zufahrtinfo: Durch Sulzburg durchfahren (Achtung - Stadttor mit Höhe 3,20 und Breite 3 m) und danach an der Gabelung links der Ausschilderung zum Campingplatz und Sulzburg Bad folgen.
Kurzbeschreibung: Sehr schön und ruhig gelegener Natur-Campingplatz am Ende der Straße durch Sulzburg. Viel Schatten in der bewaldeten Talsohle. Empfehlenswert für Freunde von Ruhe und Erholung. Großzügige Campingparzellen von bis zu 120 m² je Mobil.
In der sehenswerten ehemaligen Sägemühle finden Sie die Rezeption. Beachten Sie das „Tante-Emma-Lädele" mit einem Grundsortiment an Lebensmitteln.

SULZBURG - CAMPING -/WOHNMOBIL-STELLPLATZ SULZBACHTAL

Stellplatzart: .... Campingplatz
GPS: N47 50 52.3 E7 41 53.1
Adresse: .... D-79295 Sulzburg, Sonnmatt 4
Tel.: .... +49(0)7634/59 25 68
mailto: .... a-z@camping-sulzbachtal.de
Homepage: .... www. camping-sulzbachtal.de
Zufahrtinfo: Schon vor Sulzburg weisen Schilder auf die beiden Campingplätze hin, wobei sich der Platz gleich vor dem Ortseingang auf der in Fahrtrichtung rechten Seite findet.
Kurzbeschreibung: Direkt hinter der Rezeption mit Restaurant findet sich der abgetrennte Wohnmobil-Stellplatz mit Ver-/Entsorgung zum günstigeren Pauschalpreis für Ihr Reisemobil inkl. 2 Personen, Stromanschluss. Sehr schöne, sonnige Lage am Ausgang des Sulzbachtals.

Sehenswertes in Sulzburg

Wenn Sie einen der beiden Campingplätze ausgewählt haben, sind Sie zu Fuß in kurzer Zeit im Städtchen. Fahren Sie dagegen mit Ihrem Wohnmobil hinein, beachten Sie bitte die Maße des Stadttores. Es wäre nicht schön, wenn Sie einen Schaden am Reisemobil und die Stadt an ihrem Stadttor zu beklagen hätten.

Mittendrin befindet sich ein großzügiger **Parkplatz** am Fuß des Rathauses und der ehemaligen Stadtkirche (jeweils freitags 16-19 h Wochenmarkt). In der ehemaligen Kirche sind das **Landesbergbaumuseum** und die Tourist-Information untergebracht. Das Museum befasst sich nicht nur mit der Geschichte des Bergbaus im Sulzbachtal, sondern mit der Bergbaugeschichte in ganz Baden-Württemberg. Der Besucher erhält interessante Informationen zu Geologie, Bergbautechnik, Werkzeuge der Kumpel und jeweils ein paar wichtige geschichtliche Hintergrundinformationen dazu. Kurz - ein besonderes Museum, das es sich nicht nur bei Regenwetter zu besuchen lohnt!

Folgen Sie anschließend kurz vor dem Stadttor dem Schild zur **Synagoge**, die vor einigen Jahren grundlegend rekonstruiert worden und als Gedenkstätte hergerichtet worden ist (offen am ersten und letzten Sonntag im Monat 16-18 h). Sie ist eine der wenigen, die in der Reichsprogromnacht nicht völlig zerstört worden war. Schlendern Sie weiter durch die gemütlichen Gassen des alten Sulzburg und lassen die schöne Atmosphäre auf sich wirken.

Die Bilder zeigen einen aus dem Kalibergbau stammenden Kaligesteinsbrocken sowie den Eingang zur Synagoge - Ort des stillen Gedenkens.

Ein unbedingtes Muss ist die auf das Jahr 993 zurückgehende **St. Cyriak Kirche** auf der anderen Seite des Sulzbachs. Sie ist romanischen Ursprungs und weist noch heute, nach einer eingehenden Renovierung des Gotteshauses, Fragmente schöner Fresken auf. Der Kirchturm soll der älteste vollständig erhaltene seiner Art im Ländle sein. Laut einer wissenschaftlichen Studie datiert das Stammholz, das im Turm verbaut wurde, aus dem Jahr 996. Lassen Sie das Licht des Kirchenraumes und die ganz besondere Atmosphäre auf sich wirken.

Die Kirche wird übrigens, der guten Akustik wegen, neben Gottesdiensten auch regelmäßig für Konzerte genutzt.

Wenn Sie weiter talaufwärts gehen und wieder die Talseite wechseln, kommen Sie am **jüdischen Friedhof** vorbei und sollten die Besonderheit dieser Begräbnisstätte in Stille achten. Bald gelangen Sie (nach Überquerung des Sulzbachs) zum Campingplatz Sägemühle nebst **Naturschwimmbad**.

Übrigens hält die Tourist-Information für Ihren Stadtrundgang einen Prospekt zur Verfügung, ebenso wie natürlich auch für andere Aktivitäten wie Wandern, Mountain Biking und vieles mehr. Jeweils freitags 14.30 Uhr finden von April bis Oktober Führungen zu verschiedenen Themen statt. Treffpunkt ist der Marktplatz im Zentrum.

Mountain Biking in Sulzburg

Es werden zwei markierte MTB-Touren angeboten, die am Marktplatz starten. Gut trainierte Mountain Biker können ihre Kräfte auf einer ambitionierten Tour auf die Kälbelescheuer messen. Dort oben befindet sich eine Sommerweide nebst Vesperstube mit grandiosem Blick ins Belchengebiet, ins Rheintal und zu den Vogesen. Die Route ist ausgeschildert und markiert.

Zunächst fährt man durchs Stadttor und weiter zum Castellberg-Wanderparkplatz in Ballrechten. Weiter geht es über Seppelrank und Geigerrank zum Rammelsbacher Eck. Es folgen 3 km auf einem Single Trail bis zur Kälbelescheuer (Bild unten).

Nun hat man 800 Höhenmeter hinter sich und startet talwärts. In einer markanten 90°-Kurve geht es links ab über den Kälbelescheuerweg, zur Hirschrankhütte und nach 2 km zum Sattelplatz. Weiter rechts eben zum Kohlplatz. Dann folgt nochmals ein kräftiges Gefälle zurück nach Sulzburg.

Wer es einfacher mag, radelt stattdessen zum Waldschwimmbad und dann auf dem schönen Aussichtsweg mäßig ansteigend weiter. Nach 3 km ist der höchste Punkt erreicht und es geht wieder abwärts zum Waldhotel Bad Sulzburg. Danach saust man auf der Fahrstraße zum Marktplatz zurück.

Wandern von Sulzburg aus

Auf Schusters Rappen haben wir zunächst den **bergbaugeschichtlichen Wanderweg** ausgesucht (5 km, ca. 1 1/2 Std., Markierung gelbe Raute mit Bergbausymbol Schlegel und Eisen). Start ist beim Landesbergbaumuseum. Der Weg führt zur St. Cyriaks Kirche und weiter übers Kosakenwäldchen bis zur Abzweigung zum Schlossberg. Dort finden sich noch überwucherte Reste der Burg, von deren Geschichte nicht viel bekannt ist. Was blieb, ist die schöne Aussicht, weshalb sich der Abstecher ein Stück nach links lohnt. Zurück auf dem eigentlichen Weg geht es dann entsprechend wieder links ab weiter.

Es folgt ein Gebiet, in dem früher Gipskeuper abgebaut und Gips gebrannt worden ist. Wenig weiter ist der Rastplatz Himmelreich erreicht. Im weiteren Verlauf folgt der Wendepunkt der Tour mit Aussichtspunkt. Auf schmalem, leicht ansteigendem Pfad (Artur Feißt Wegle) geht es ostwärts zum Krebsgrund. Da und dort entdecken wir einen alten Stolleneingang. Man vermutet, dass es sich hier nur um Versuchsstollen handelt, in denen nie nennenswert abgebaut wurde - **Betreten verboten**!

Nun geht es talwärts in den Riestergrund, wo eine Einsturzstelle, eine Abraumhalde, ein alter Steinbruch sowie ein weiterer Stollen folgen. Dieser war 1979 bei Baumaßnahmen zufällig entdeckt und gesichert worden. Man passiert einen alten Kanal, mit dem die Mühlen der Bergwerke mit Wasser versorgt wurden, sowie die ehemalige Siedlung Geißmättle. Bald wandern wir auf der Straße Richtung Bad Sulzburg, entdecken einen weiteren Stolleneingang und erreichen die alte Sägemühle (siehe Campingplatztipp). Das dortige Bergwerk ist eine Besonderheit - hier wurde Kobalt abgebaut. Das heutige Schwimmbad geht übrigens auf einen der Stauseen zurück, welche die Bergwerke mit Wasser versorgt hatten. Zum Ausgangspunkt zurück geht es nun am Sulzbach entlang, wobei wir noch eine Bergbaustätte aus römischer Zeit passieren, die eher zufällig entdeckt worden war.

Die „**Kirchentour**" verbindet, meist auf Feldwegen, teils auf wenig befahrenen Straßen die Kirchen der Stadtteile **Sulzburg** (St. Cyriak), **Laufen** (St. Johannes) und **St. Ilgen** (St. Ägidius - Bild). Bei den Kirchen finden Sie Informationen über die Wanderwege.

Was es in Sulzburg an Besonderheiten zu sehen gibt, hatten wir schon erwähnt. In Laufen ist das Fachwerkhaus der Winzergenossenschaft zu erwähnen (Stellplatztipp).

Oberhalb der Kirche finden Sie die **Staudengärtnerei der Gräfin von Zeppelin**. (www.graefin-von-zeppelin.de, Tel. 07634/65 99). Dort wird übers Jahr ein vielfältiges Programm geboten. Ein Gewächshaus im englischen Stil dient als Verkaufsraum. Das Liliencafé lädt zum Verweilen ein. Nehmen Sie sich die Zeit - die Gärtnerei ist sehenswert!

Am Fuß der Weinberge gelangen wir in ca. 15 Minuten nach St. Ilgen, einem kleinen Weiler mit erstaunlich großer Kirche. Über Laufen gelangen Sie wieder zurück nach Sulzburg. Gehzeit ca. 2 Stunden/10 km.

Nordic Walking

Sulzburg bietet Freunden dieser Fitness-Sportart zwei Routen. In der Tourist-Information kann man Stöcke ausleihen und vor der Haustür auf eine einfachere Tour starten (3,9 km mit drei kurzen Anstiegen von insgesamt 81 Metern/blaue Markierung) und eine schwierigere Tour von 10.2 km Länge und Gesamtanstiegen von 211 m. Diese (schwarze) Tour ist fast identisch mit der beschriebenen „Kirchentour" durch Sulzburg, Laufen und St. Ilgen und lässt lediglich St. Cyriak aus.

Wenn Sie den Campingplätzen einen Stellplatz vorziehen, den Sie mit einer Weinprobe verbinden können, dann steuern Sie Ihr Reisemobil in den Winzerort **Laufen**, wo die Winzergenossenschaft ihren Kunden nach Weinprobe oder -kauf die Gelegenheit bietet, für eine Nacht auf dem genossenschaftseigenen Parkplatz zu stehen, um die Fahrtüchtigkeit wieder herzustellen.

LAUFEN - WINZERGENOSSENSCHAFT

Stellplatzart: .... Parkplatz
GPS: N47 50 24.4 E7 40 56.0
Adresse: .... D-79295 Sulzburg-Laufen
Tel.: .... +49(0)7631/36 80 0
mailto: .... info@winzergenossenschaft-laufen.de
Homepage: .... www.winzergenossenschaft-laufen.de
Zufahrtinfo: In der Ortsdurchfahrt Laufen an der Kirche vorbei fahren und weiter Richtung Müllheim, bis man geradewegs auf das markante, gelbe Fachwerkhaus zufährt. Die Durchgangsstraße nimmt einen Linksbogen, hier rechts abbiegen und oberhalb des Gebäudes parken.
Kurzbeschreibung: Gepflasterter Parkplatz beim WG-Gebäude (Weinverkauf und Weinprobe). Wer nach dem Einkauf nachfragt, kann hier gerne auch einmal stehen bleiben, wenn nötig auch über Nacht. Sollte es eng zugehen, fragen Sie nach alternativen Parkplätzen hinterm Gebäude.

Auch in **Britzingen** lohnt sich ein Halt, gemütlich einzukehren, Wein zu probieren und eine Wanderung durch die Rebberge zu machen. Gleich am Ortseingang ist ein Parkplatz für zwei autarke Wohnmobile ausgewiesen. Es sind zu Fuß nur 5 Minuten, um in die Ortsmitte zu gelangen. Auf dem Weg dorthin liegt vor der Linkskurve das Weingut Behringer und bei der Kirche rechts um die Kurve die Winzergenossenschaft. Beide bieten ihre guten Tropfen zum Probieren und selbstverständlich zum Verkauf an. Wer gerne eine nette Gaststätte aufsucht, ist hier auch gut aufgehoben. Am Fuß der - übrigens sehenswerten - Kirche erwartet das **Gasthaus zur Krone** seine Gäste mit guter badischer Küche (Dienstag Ruhetag, Parkplatz nur für kleinere Wohnmobile geeignet (**GPS**: N47 49 39.8 E7 40 21.5, **Tel.**: +49(0)7631/20 46, **mailto**: info@krone-britzingen.de, **Homepage**: www.krone-britzingen.de).

P BRITZINGEN - WOHNMOBIL-PARKPLATZ

Stellplatzart: .... Parkplatz
GPS: N47 49 44.3 E7 40 24.8
Adresse: .... 79379 Britzingen, Markgräfler Straße/Im Nüsslegarten

Zufahrtinfo: Von Sulzburg/Laufen kommend gelangen wir zum Ortseingang und biegen die erste Straße zwei Mal rechts ab.

Kurzbeschreibung: Asphaltierter Parkplatz am Ortsrand, ausdrücklich für zwei autarke Wohnmobile zugelassen. Glascontainer. Auf der anderen Straßenseite Wanderinformationstafel/Einstieg in den Weinlehrpfad

Wandern in Britzingen

Nach dem Frühstück starten wir vom Parkplatz auf eine der Wanderrouten, über die eine Übersichtstafel auf der anderen Straßenseite Auskunft gibt. Wir folgen dem Weinlehrpfad und genießen den Ausblick übers Rheintal auf die Vogesen und zum Kaiserstuhl. Die 1,8 km lange Route lässt sich um den 2,2 km langen Waldlehrpfad oberhalb auf rund 1 Std. Gehzeit verlängern, was mit den zahlreichen Informationstafeln sehr lehrreich ist.

Mountain Bike fahren

Wenn man das Ganze als kleine MTB-Tour gestalten möchte, steht dem nichts im Wege. Die Route verläuft überwiegend auf geschotterten, teils asphaltierten Fahrwegen durch die Reben und den Wald.

Britzingen selbst zeichnet sich durch ein malerisches Ortsbild aus, das viel Markgräfler Flair versprüht. Die **St. Johannes Kirche** stammt aus dem 13./14. Jahrhundert und wurde auf Resten eines römischen Landhauses errichtet.

Zu Britzingen gehört weiterhin die **Burg Neuenfels**, um die sich mystische Erzählungen ranken. Keine Frage - diese Ruine werden wir uns näher betrachten und folgen kurz nach dem Ortsausgang der Ausschilderung nach Badenweiler.

Die gut ausgebaute Strecke schlängelt sich bergwärts. So gelangen wir auf die Passhöhe Schwärze, wo wir unser Reisemobil rechts ab auf den großen Parkplatz steuern und die Wanderschuhe schnüren. Wenn Sie mögen, ist dieser Wanderparkplatz ein passabler Übernachtungsplatz um anderntags Richtung Badenweiler zu fahren.

P BRITZINGEN - WANDERPARKPLATZ SCHWÄRZE

Stellplatzart: .... Wanderparkplatz
GPS: N47 48 54.9 E7 40 47.3
Adresse: .... D-79379 Britzingen
Zufahrtinfo: Von Britzingen zunächst Richtung Müllheim halten, bis die Ausschilderung links ab Richtung Badenweiler weist. Fahren Sie weiter auf gut ausgebauter Strecke in weiten Kurven durch den Wald mäßig ansteigend bis zur Passhöhe Schwärze.
Kurzbeschreibung: Auf beiden Seiten der Straße gibt es Parkmöglichkeiten, jedoch eignet sich der Platz rechts besser für Wohnmobile (Platzkapazität und zugleich eben), Picknickhütte, sehr schöne Wandermöglichkeiten.

EIN PAAR HINTERGRÜNDE ZUR BURG NEUENFELS

Eine Informationstafel an der Innenseite der Burgmauern gibt Auskunft über die Geschichte der Ruine. Damit sind wir bei den mystischen

Erzählungen, wonach die vor 1250 erbaute Burg unter der Obhut des Herrengeschlechts von Neuenfels stand. Ihnen gehörten reiche Besitztümer im weiten Umkreis. Doch macht Reichtum allein bekanntlich nicht unbedingt glücklich. Es ist zudem nicht einfach, seinen Besitz zusammen zu halten, so vermutlich auch bei den Herren von Neuenfels.

Der verarmte Christoph von Neuenfels musste deshalb Burg nebst Wald und Boden an Britzingen verkaufen. Das „Lagerbuch" der Gemeinde weist aus, dass Christoph von Neuenfels mitsamt Ehefrau, Tochter und seinem ganzen Gesinde nächtens auf der Burg ermordet wurden. Erst drei Tage später wurden sie tot aufgefunden. Sie alle fanden ihre letzte Ruhe in Britzingen. Dokumentiert ist auch, dass man sich wunderte, wie ein solch wehrhaftes Bauwerk binnen kürzester Zeit zur Ruine verkommen konnte. Mystisch eben, genauso wie Erzählungen, dass seit der Mordnacht ein weißes Gespenst um die Ruine herum sein Unwesen treiben soll. Wir haben es allerdings nicht zu Gesicht bekommen.

Wandern/Mountain Biking/Nordic Walking

Wir wählen aus dem vielfältigen Angebot schöner Wanderungen und Nordic Walking Parcours die **Burg Neuenfels** aus. Nach Überqueren die Straße geht es gleich schräg links auf den kleineren Wanderpfad. Er führt mäßig ansteigend durch den Mischwald zunächst in ein kleines Tal. Dort wechseln wir auf einen breiten Forstfahrweg. Die Burg ist stets gut ausgeschildert, sodass wir nach etwa 45 Minuten nur noch die letzten steilen Meter zur **Ruine Neuenfels** hinauf schnaufen. Die Aussicht über den Breisgau bis zum Kaiserstuhl ist so schön, dass wir uns gemütlich zum Vesper niederlassen. Für den Rückweg wählen wir den Fahrweg (Theodor-Braus-Weg, später Eichenbergweg), der uns in einer knappen halben Stunde wieder zum Wohnmobil führt.

In **Badenweiler** steht die **Cassiopeia Therme** auf dem Programm (ehemaliges Markgrafenbad). Schließlich ist der Kurort der Therme wegen weithin bekannt, und das schon seit fast 2000 Jahren, wovon die **römische Badruine** zeugt. Doch es gibt einiges mehr zu entdecken! Da man sich mehr als ein paar Stunden Zeit lassen sollte, klären wir zunächst, wo Ihr Reisemobil stehen soll.

P BADENWEILER - PARKPLATZ SÜD

Stellplatzart: .... Parkplatz
GPS: N47 47 45.2 E7 40 09.0
Adresse: .... D-79410 Badenweiler, Kanderner Straße
Tel.: .. (Badenweiler Thermen u. Touristik GmbH) +49 (0)7632/79 93 00
mailto: .... touristik@badenweiler.de
Homepage: .... www.badenweiler.de
Zufahrtinfo: In der Talsohle rechts ab (L131/Weilertalstraße). Beim **Sport- und Freizeitbad** (Parkplatz GPS N47 48 33.0 E7 40 45.4) folgen Sie dem Schild Römische Badruine, fahren an der Therme vorbei, am Schlossplatz links in die Blauenstraße, später in die Kanderner Straße. Kurz vor Ortsausgang links der P2 Süd unterhalb des Tennis-Zentrums.
Kurzbeschreibung/Wichtige Info: Kurz vor Druck dieses Buches erhielten wir die Nachricht, dass hier für 2013 die Einrichtung eines Wohnmobil-Stellplatzes vorgesehen ist. Bis dahin asphaltierter Parkplatz am Ortsrand, auf dem Wohnmobile für eine Nacht geduldet sind (kein Camping!). In den Ort/zur Therme etwa 15-20 Min zu Fuß.

BADENWEILER - FERIENCAMPING

Stellplatzart: .... Campingplatz
GPS: N47 48 36.0 E7 40 37.0
Adresse: .... D-79410 Badenweiler, Weilertalstr. 73
Tel.: .... +49(0)7632/15 50
mailto: .... info@camping-badenweiler.de
Homepage: .... www.camping-badenweiler.de
Zufahrtinfo: Vom Schwimmbad aus auf der L131/Weilertalstraße talwärts bleiben, danach zweite Straße rechts ab (ausgeschildert).
Kurzbeschreibung: Sehr gepflegter Platz, terrassiert angelegt, gut ausgestattete Stellplätze mit Strom- und Wasser/Abwasser, Internet möglich. Blick auf die Burg Baden.

Sehenswertes in Badenweiler

Vom Parkplatz aus gehen wir gemütlich durch den Park, gelangen zur katholischen St. Peter Kirche aus den späten 50er Jahren und ein paar Schritte unterhalb zur Marienkirche von 1862, die vom Baumeister Hübsch erbaut wurde, um den katholischen Kurgästen ein Gotteshaus zu geben - ökumenisches Gedankengut im protestantischen Markgräflerland.

Immer im Blick ist die auf einem Vorberg liegende **Burg Baden**. Sie wurde von den Zähringern erbaut (1122 erstmals erwähnt) und wechselte mehrfach die Besitzer, bis sie im Jahr 1444 als Schenkung an die Markgrafen von Baden ging. Die Zerstörung erfolgte 1678 am Ende des Holländischen Krieges.

Wir erreichen das **Großherzogliche Palais**, das den Markgrafen Friedrich I. und II. als Sommerresidenz diente. Im Zentrum des

Ortes bestaunen wir zahlreiche prächtige Hotelkomplexe und Sanatorien, die zeigen, dass Badenweiler schon lange ein schöner Badeort ist, den zahlreiche, auch gut betuchte Gäste stets gerne besuch(t)en. Zu beachten ist auch das Sandsteingebäude der **evangelischen Kirche** mit Fragmenten wertvoller Fresken im Chorraum. Das aus den 60er/70er Jahren stammende Kurhaus am Fuß der Burg präsentierte sich zu unserer Recherche als Großbaustelle und dürfte Ihnen bald in neuem Glanz zur Verfügung stehen.

Machen Sie sich unbedingt auch die Mühe, im Kurpark der Ausschilderung zum **Park der Sinne** zu folgen (Bild oben links). Nehmen Sie sich die Zeit, die einzelnen Stationen in Ruhe zu bewundern und zu genießen. Der Park ist 2011 unterhalb des Kurparks entstanden. Er umfasst 20 Exponate, die dem Besucher die Wahrnehmungen aus ganz neuen Blickwinkeln eröffnen sollen. Die Sinne für Gleichgewicht, Tasten, Sehen, Hören und Riechen sollen mit teils neu entwickelten Geräten und Kunstobjekten angesprochen werden.

Herzstück und zugleich Höhepunkt des Badeortes ist jedoch die **Cassiopeia Therme** im historischen **Markgrafenbad**. Im Jahr 1875 wurde der erste Gebäudeteil der heutigen Therme erbaut, das Marmorbad. 1906/08 wurde es durch den Architekten Levy erweitert und der Komplex dem Markgrafen Friedrich gewidmet. Erweiterungen folgten in den Jahren 1954/58 mit dem westlichen

Anbau als Ersatz für das frühere Marmorbad und 1977/81 mit dem Bau des seinerzeit preisgekrönten Kuppelbaus des heutigen Hallen-Thermal-Bewegungsbades. Die Altbauten aus dem 19. und vom Anfang des 20. Jahrhunderts wurden 1994 modernisiert und um eine Sauna- und Wellnesswelt erweitert.

Doch geht die Geschichte der Therme um viele Jahrhunderte weiter zurück. So können wir im Kurpark die **römische Badruine** unter ihrem gläsernen Schutzdach besichtigen, die aus der Zeit um 75 n. Chr. stammt und knapp 200 Jahre bis zu ihrer Zerstörung als Therme diente. Noch heute staunen wir über die beeindruckende Größe der Anlage und über die technischen Errungenschaften, die von den Römern schon realisiert werden konnten, so die Kanalisation, Drainage, Fußbodenheizung und vieles mehr. Umrahmt wird die Ruine vom sehenswerten Kurpark, dessen Blütenpracht und alte Bäume zu jeder Jahreszeit einen Besuch wert sind.

Wandern

Was liegt näher, als den Hausberg Blauen auf Schusters Rappen zu erreichen, um die herrliche Gebirgslandschaft intensiv zu erleben? Der mit blauer Raute markierte Weg führt über die Sophienruhe zum Alten Mann, einem Felsen, bei dem früher Bergbau betrieben wurde. Weiter geht es über den Vorberg Prinzensitz und nun steiler werdend bis kurz vor den Gipfel. Dort stößt man auf den Westweg (Pforzheim-Basel), der auf den Gipfel führt.

Der Abstieg erfolgt im ersten Abschnitt noch auf dem Westweg, bis wir ab dem Parkplatz Müllheimer Egerten der gelben Raute folgen. Über die Rüttekopfhütte und das Altensteintal wird wieder Badenweiler erreicht. (Siehe Rother Wanderführer Schwarzwald Süd, Gehzeit etwa 5 Std.).

Nordic Walking in Badenweiler

Es werden vier markierte Routen angeboten. Die zwei leichten Parcours führen über 1,5 km bzw. 2 km auf einfachem Terrain im Kurpark bzw. um die Sophienruhe. Tour 3 (mittelschwer) führt 3,6 km südwärts Richtung Alter Mann, und die schwere Tour über 12 km durch die Wälder oberhalb des Kurortes.

BERGHOTEL HOCHBLAUEN

Stellplatzart: Wanderparkplatz
GPS: N47 46 37.4 E7 42 04.4
Adresse: D-79410 Badenweiler, Hochblauen 1
Tel.: +49(0)7632/3 88
mailto: info@berghaus-hochblauen.de
Homepage: www.berghaus-hochblauen.de
Zufahrtinfo: Von Badenweiler ein Stück Richtung Kandern fahren, dann links ab der Ausschilderung zum Hochblauen folgen. Die Strecke ist ziemlich steil, stellenweise etwas eng, bei vorsichtiger Fahrweise aber problemlos befahrbar.
Kurzbeschreibung: Asphaltierter Parkplatz beim Berghotel, leider schräg (Keile nötig). Einkehrmöglichkeit (Restaurant, Café oder Imbiss), wenige Meter zum Aussichtsturm des Schwarzwaldvereins, erbaut 1895 (Eintritt: € 0,50 in die Spendenkasse erbeten). Ein geschotterter, fast ebener Parkplatz befindet sich etwa 250 m unterhalb neben der Zufahrtsstraße (GPS: N47 46 43.9 E7 41 58.9).

Sie möchten dem Wandertipp auf den Blauen lieber nicht folgen, sondern mit dem Wohnmobil hinauf fahren? Egal, wie! Sie sollten den Aussichtsberg - im Foto vorige Seite ein Blick nach Norden auf Kandel und Schauinsland, Richtung Schweiz (Bild oben) oder zum Kaiserstuhl (Bild unten) - jedenfalls nicht auslassen. Auch wir sind dort oben über Nacht geblieben. Das Berghotel allerdings hatte bei der Recherche für Umbauarbeiten geschlossen. Besonders vom Aussichtsturm schweift der Blick zu den Alpen, zum Schweizer Jura, übers Rheintal zu den Vogesen, zum Kaiserstuhl und auf die höchsten Schwarzwaldgipfel. Selbstverständlich gönnen wir Ihnen von Herzen das nötige Wetterglück. Sollte die Sonne doch mal nicht so herzlich vom Himmel lachen, können Sie den Blauen auslassen oder verschieben.

Folgen Sie uns nun in Route 3 Richtung **Kandern**, **Eggener Tal** und **Schloss Bürgeln** dem Wahrzeichen des Markgräflerlandes.

Ins Dreiländereck

Den Südzipfel des Markgräflerlands definieren wir als den Teil im Gebiet des Landkreises Lörrach und im Dreiländereck D-F-CH. Es ist mithin die abwechslungsreichste Gegend mit Abschnitten im Schwarzwald, mit bedeutenden Sehenswürdigkeiten wie Schloss Bürgeln und hin bis zum Bereich am Rheinknie.

Zurück vom Blauen laden wir Sie zu einem Ausflug ins **Eggener Tal** ein. Diesen Abstecher können Sie jedoch ebenso gut später von **Schliengen** aus nachholen (Route 4). So überqueren wir die Kanderner Straße und die L132 um nach **Lipburg** zu gelangen. Dort biegen wir rechts ab, um gleich nach links dem Wegweiser nach **Feldberg** zu folgen. Auf kurviger Nebenstrecke durchfahren wir ein Waldstück und gelangen zum **Rheintal Spiel-und Rastplatz Stalten** (**GPS** N47 46 36.7 E7 38 08.0), der sich für eine Pause (oder für die Nacht) anbietet. Bald erreichen wir **Feldberg**, das mit dem gleichnamigen Schwarzwaldgipfel nichts zu tun hat. Mitten im Ort steht der historische Gasthof Ochsen. Die gute, regionale Küche lässt uns gerne eine Einkehrempfehlung aussprechen.

FELDBERG - GASTHOF OCHSEN

Stellplatzart: .... Gaststätte
GPS: N47 46 19.2 E7 38 36.3
Adresse: .... D-79379 Müllheim-Feldberg, Almenweg
Tel.: .... +49(0)7631/35 03
mailto: .... info@ochsen-feldberg.de
Homepage: .... www.ochsen-feldberg.de
Zufahrtinfo: Von Lipburg kommend fahren wir über die Rheintalstraße in die Durchgangsstraße (Bürgelnstraße). Beim Ochsen zweigt die (sehr enge) Zufahrt zum Parkplatz unterhalb des Gasthofes mit Blick auf Streuobstwiesen rechts ab.

Kurzbeschreibung: Gepflegter Gasthof, der seit 1763 im Besitz der Familie Adam-Eglin ist. Restaurant in gepflegter Atmosphäre mit guter regional badischer Küche und einem ebenso guten Weinangebot aus der Region. Sehr schön ist die Terrasse oberhalb des Blumengartens.

FELDBERGER DICHTERWEGLI

Wer bei all dem Lust auf eine kleine Wanderung mit literarischer Unterhaltung verspürt, kann den im Oktober 2000 eröffneten Rundweg erwandern. Dieser wurde vom Enkelsohn der badischen Mundartdichterin Paula Hollenweger zum Andenken an die Großmutter eingerichtet. Auf dem Dichterwegli schöne Aussichtspunkte sowie Auszüge aus den Werken alemannischer Heimatdichter (3 km, 20 Infotafeln mit literarischen Kostproben, teils mit Erläuterung alemannischer Ausdrücke, Start- und Endpunkt oberhalb der Kirche, mehrere Aussichtspunkte).

In **Obereggenen** machen wir einen Halt um die romanische Kirche aus dem 13. Jh. mit dem mächtig breiten, gedrungenen Turm zu besichtigen. Noch älter ist die Kirche in **Niedereggenen**, aus dem Jahre 1080 nämlich. Sie zählt zu den ältesten Gotteshäusern am Oberrhein und hat einige alte Fresken zu bieten. Zu empfehlen ist weiterhin die Besichtigung der St. Vinzenzius Kirche in **Liel**, die wertvolle Deckenzeichnungen aus der gotischen Bauphase und eine Grabnische enthält. Von der Vorgängerkirche, die dem Hl. Johannes geweiht gewesen war, sind noch Reste des Turmes aus dem 10. Jh. erhalten.

Von Liel fahren wir ein Stück auf der L134 Richtung Kandern und passieren den **Parkplatz am Sportplatz**. Bald verlassen wir die L134 und wechseln auf die K6317 Richtung Feuerbach. Dort biegen wir links ab und fahren auf schmaler Strecke hinauf zum **Wanderparkplatz Stelli** (Stellplatz- und Wandertipp). Von dort geht es talwärts Richtung **Niedereggenen** und **Obereggenen**. Unseren Abstecher ins Eggener Tal beenden wir nach einer schönen Wanderung, indem wir von Obereggenen Richtung **Schallsingen** fahren und über ein kleines Sträßchen rechts ab auf der L132 landen.

LIEL - SPORTPLATZ

Stellplatzart: .... Parkplatz
GPS: N47 44 10.6 E7 36 35.2
Adresse: .... 79418 Liel (an der L134)
Zufahrtinfo: In Liel den Ort ganz durchfahren und schräg rechts halten Richtung Kandern. Beim Sportplatz, kurz nach Ortsausfahrt, rechts abbiegen.
Kurzbeschreibung: Großer Parkplatz ca. 300 m außerhalb des Ortes beim Sportplatz, Blick auf Liel.
Sonstiges: Der Parkplatz bietet sich auch als Einstieg in den Eggener Rundweg an, denn hier lässt es sich viel angenehmer einen Parkplatz fürs Reisemobil suchen als am „offiziellen" Startpunkt in Schliengen.

MINERALWASSER AUS LIEL

Seit 1650 besitzt Liel nachweislich eine Mineralquelle, welche den Ort weit übers Tal hinaus bekannt gemacht hat. Das benachbarte Barockschloss, das nicht öffentlich zugänglich ist, gab der Quelle ihren heutigen Namen **Lieler Schlossbrunnen**. Dieses Wasser wird in der Region am Oberrhein gerne getrunken.

NIEDERGEGGENEN - STELLI

Stellplatzart: .... Wanderparkplatz
GPS: N47 44 33.2 E7 37 52.4
Adresse: .... D-79418 Niedereggenen, Feuerbacher Straße
Zufahrtinfo: In der Ortsdurchfahrt Niedereggenen das kleine gelbe Hinweisschild nach Feuerbach beachten und abbiegen (Baselstraße). Dann dem kleinen Sträßchen bergwärts durch weite Kurven bis zur Passhöhe folgen.
Kurzbeschreibung: Unbefestigter Wanderparkplatz beidseits der Straße - links am Rand der Wiese, rechts im Wald bei der Picknickstelle. Bitte beachten Sie den Hinweis, dass die Benutzung der Grillstelle nur auf vorherige Anmeldung bei der Gemeinde erlaubt ist.

DAS NATURDENKMAL HAGSCHUTZ

Vom Wanderparkplatz Stelli aus kann man mehrere Wanderrouten auswählen. Wir haben uns für eine kleine Tour entschieden und stiefeln auf dem Obstlehrpfad, der fast eben vom Parkplatz startet, los (Hinweistafel). Nach gut 5 Minuten knickt der Weg links ab talwärts und überquert die Straße. Nach etwa 200 Metern gabelt sich der Weg und ein Holzpfeil weist nach links zum **Naturdenkmal Hagschutz**. Dabei handelt es sich um einen steinzeitlichen Siedlungsplatz. Noch heute erkennt man auf dem Hügel Gräben und Geländestrukturen, die auf die historische Bebauung hinweisen. Informationstafeln geben Aufschluss über geschichtliche Hintergründe, aber auch über die Pflanzen der Trockenrasenfläche. Der Pfad umrundet den Hügel und wir kehren zur Straße zurück, um auf dieser zurück zum Wanderparkplatz zu gelangen. Gehzeit ca. 1 Std., wobei man etwas Zeit für die Informationstafeln reservieren sollte, gleichfalls für die Aussicht auf die Vogesen und die Hügel des Markgräflerlandes.

Kirschenroute oder Rundweg ums Eggener Tal

Zu Fuß in etwa 3 Stunden, selbstverständlich aber auch mit dem Mountain Bike/Tourenrad, können Sie den Wanderweg ums Eggener Tal in Angriff nehmen. Vom Wanderparkplatz Stelli gehen wir zur Abzweigung Hagschutz-Naturdenkmal, das wir mitnehmen. Lediglich die paar Meter hinauf zum Aussichtspunkt sollte der Drahtesel stehen bleiben, schließlich ist es ein Naturdenkmal und die Pflanzen des Trockenrasens würden unter den Reifen leiden.

Weiter geht es hinab nach **Niedereggenen**, wo man sich etwas Zeit für die Besichtigung der Kirche nehmen sollte, die für ihre Fresken bekannt ist. Auf der anderen Seite wandern wir parallel zum Hohlebach ein Stück talwärts, um bald scharf rechts die Richtung zu wechseln. Nächste Station ist das Rosenbänkle, ein sonniger Punkt im Weinberg, dessen Terrassen mit Trockenmauern befestigt sind.

Ein Höhepunkt ist später der Aussichtspunkt Steinkreuzle, bevor wir die Lina-Kromer-Bank erreichen, die dieser Heimatdichterin gewidmet ist. Oberhalb von Schallsingen hat man eine prima Sicht über das ganze, von Obsthainen geprägte Tal. Bald wendet sich der Weg Richtung Süden. In Höhe Obereggenen mit der alten Kirche wechseln wir in westliche Richtung, passieren den Festplatz des Musikvereins Obereggenen (MVO-Platz), den Horbenbrunnen und den Mannebrunnen, die einst zur Kühlung der Getränke der Winzer dienten, bevor wir zum Auto gelangen.

Die gesamte Route erstreckt sich auf etwa 12 km und ist mit einem **Kirschensymbol markiert**. Besonders schön ist diese Tour zur Zeit der Kirschen- und Obstblüte, da der Obstbau die Landschaft des Tales prägt.

Ein weiterer guter Einstieg in die Wanderrouten des Eggener Tals ist die **St.-Johannis-Breite** direkt an der Straße Richtung Kandern, die wir ohnehin später mit dem Wohnmobil erreichen. Vom Wanderparkplatz führt ein Fahrweg in nordwestlicher Richtung zum Rundweg ums Eggener Tal. Sie erreichen ihn kurz vor dem MVO-Platz des Muskvereins Obereggenen. So gesehen, können Sie sich die Abstecher ins Eggener Tal und nach Feldberg sparen, sollte es an der Zeit fehlen, oder verschieben, wenn das nötige Wetterglück ausbleibt.

Nun erwartet uns mit **Schloss Bürgeln** ein (oder das?) Wahrzeichen der Region. Von der L132 zweigt die K6343 ab (Schild: Schloss Bürgeln). Nach wenigen Minuten parken wir auf dem großen Besucherparkplatz, der - nach einem Restaurantbesuch, wenn man dort nachfragt - auch für eine Übernachtung taugt.

P SCHLOSS BÜRGELN - BESUCHERPARKPLATZ

Stellplatzart: .... Parkplatz
GPS: N47 45 09.7 E7 40 41.8
Adresse: ......D-79418 Schliengen, Besucherparkplatz Schloss Bürgeln
Tel.: .... +49(0)7626/2 37
mailto: .... schlossbuergeln@gmx.de
Homepage: .... www.schlossbuergeln.de
Zufahrtinfo: Von der L132 aus der Ausschilderung „Schloss Bürgeln" folgen.
Kurzbeschreibung: Großer, asphaltierter, leider leicht schräger Parkplatz. Informationstafel über Wandermöglichkeiten, unter anderem hinauf zum Hochblauen.
Etwa 300 m sind es zu Fuß zum Schloss, das täglich besichtigt werden kann (März bis Okt. 11/14/15/17 Uhr, Nov-Feb Fr/Sa/So 14/15/16 Uhr).

Bild: Sailler/Rosenthal

SCHLOSS BÜRGELN

Im Jahre 1125 vermachte der Ritter Werner von Kaltenbach das Schloss samt Gelände dem Kloster St. Blasien, auf dass die frommen Brüder des Klosters auf Lebzeiten für sein Wohlbefinden und seine Pflege sorgen mögen. (Sie bemerken die historische Form der Pflegeversicherung?) Aus diesem Grunde steht die Propstei unter dem Wappen des ehedem bedeutenden Klosters, dem springenden Hirsch. Auch einige historische Gemälde der Klosteranlage finden sich hier.
Nach der Zerstörung im 30-jährigen Krieg wurde 1762 ein Neubau begonnen. Entstanden ist ein fürstlicher, prunkvoller Sitz für die Propstei des Klosters, auf dem man es sich sicher sehr gut gehen lassen konnte.

Die Propstei wurde zur napoleonischen Zeit säkularisiert und das Gut fiel an den badischen Staat, bis es in den 20er Jahren des 20. Jahrhunderts vom Bürgelnbund e. V. übernommen wurde, der sich um den Erhalt kümmert. Daher rührt auch ein vergleichsweise hoher Eintrittspreis für die Besichtigung. Aber es lohnt sich, die paar Euro zu investieren! In diesem Zuge erfuhr das Schloss im Lauf des 20. Jh. vom Industriellen Richard Sichler eine gründliche Instandsetzung und Wiederherstellung alter Pracht - unter der Auflage, dass er bis zu seinem jüngsten Tag auf dem Gut leben dürfe - wieder eine Art der Altersvorsorge...

Besonders in Erinnerung sind uns - neben der historischen Ausstattung, wertvollen Bildern und Möbeln - 12 Uhren geblieben. Weshalb? Schauen Sie an die Decken der repräsentativen Räume. Die Uhren sind jeweils in der Deckenmitte angebracht. Besonders zu erwähnen ist, dass sie alle von einem einzigen Uhrwerk im Dachstock angetrieben werden. Sehr beeindruckend ist auch das Badezimmer des Herrn Sichler (Bild). Bemerkenswert schön sind zudem die Schlossgärten, die frei zugänglich sind. Von der Freiterrasse genießen Sie einen überwältigenden Blick übers Rheintal nach Frankreich. Ein Schlossrestaurant gibt es überdies, sodass auch für Ihr leibliches Wohl gesorgt ist, sollten Sie sich für eine Übernachtung auf dem Parkplatz entschließen.

ROUTE 3

Bald sind wir zurück an der Landesstraße und sausen Richtung Kandern, dem Hauptort des gleichnamigen Tals. Unterwegs passieren wir den Wanderparkplatz St. Johannis-Breite.

Kandern verfügt seit 1810 über das Stadtrecht. Handwerk und Industrie haben eine lange Tradition, vor allem das Keramikhandwerk. Die Geschichte reicht weit zurück. Kandern wurde schon 775 in einer Urkunde erwähnt, vermutlich aber schon viel früher von den Kelten besiedelt.

P OBEREGGENEN - ST.-JOHANNIS-BREITE

Stellplatzart: .... Wanderparkplatz
GPS: N47 44 34.8 E7 39 39.7
Adresse: .... D-79418 Obereggenen, St.-Johannis-Breite 1
Zufahrtinfo: Von Obereggenen Richtung Kandern halten, auf die L132 und bis zur Passhöhe fahren, dort rechts (ausgeschildert).
Kurzbeschreibung: Asphaltierter Wanderparkplatz hinter einem großen Bauernhof, dadurch etwas von der Straße abgeschirmt und ruhig. Informationstafel der Stadt Kandern die vielfältigen Wandermöglichkeiten betreffend.

KANDERN - TERRASSEN-CAMPING

Stellplatzart: .... Campingplatz
GPS: N47 43 13.2 E7 39 35.4
Adresse: .... D-79400 Kandern, Schwimmbadweg 2
Tel.: .... +49(0)7626/78 74
mailto: .... info@terrassen-camping-kandern.de
Homepage: .... www.terrassen-camping-kandern.de
Zufahrtinfo: Von Sitzenkirch kommend erreicht man direkt bei Ortseinfahrt Kandern die gut ausgeschilderte Zufahrt zum Campingplatz und zum Freibad, das im Sommer willkommene Abkühlung bietet.
Kurzbeschreibung: In Terrassen angelegter Campingplatz, sehr gepflegt. Leider ist kein Restaurant oder Laden vorhanden. Doch bietet sich zahlreich Ersatz im Städtchen, das in einem schönen Spaziergang gut erreichbar ist. Sie erhalten mit der Anmeldung einen Eintritt zum benachbarten **Schwimmbad** sowie die Konus-Karte und fahren damit im Gültigkeitsgebiet kostenlos mit Bussen und Bahnen, zum Beispiel an Wochenenden zum Schloss Bürgeln.

KANDERN - RATHAUS

Stellplatzart: .... Parkplatz
GPS: N47 42 50.8 E7 39 49.5
Adresse: .... D-79400 Kandern, Bibelisgasse 4
Zufahrtinfo: Vom Campingplatz bis zur Hauptstraße fahren und rechts abbiegen, nach der Altstadt links halten (Bahnhof wäre rechts ab für die Dampflokfans, dort weiterer Parkplatz). Nach Überquerung der Kander links ab der Ausschilderung zum Rathaus folgen und dort scharf links auf den Parkplatz hinter dem Rathaus einscheren. (Wenn Sie von Beruf Bürgermeister sein sollten, nutzen Sie nicht den Parkplatz Nr. 13, der mit einem Schild „Nur Bürgermeister" gekennzeichnet ist. Hier ist einzig der Kanderner Schultheiss gemeint...).
Kurzbeschreibung: Zentral gelegener und doch (abgesehen vom Rauschen der Kander) ruhiger Parkplatz, umrahmt von Rasenflächen. Fußweg keine 5 Minuten in die Innenstadt mit zahlreichen Einkehrmöglichkeiten. Parkzeitbeschränkung für Wohnmobile 24 Stunden, keine wohnmobilspezifische Ausstattung.

ROUTE 3

Rundgang durch Kandern - Sehenswertes

Nehmen Sie sich die Zeit, etwas auf den Spuren des Künstlers August Macke zu wandeln, der hier in Kandern viel Zeit bei seiner Schwester, der Kronenwirtin, verbracht und gearbeitet hatte. Er muss Kandern sehr gemocht haben, denn seine Aquarelle zeigen einige schöne Szenen aus der Kanderner Altstadt.

Start ist an der zentral gelegenen Tourist-Information links ab in die Hauptstraße, nach Überquerung des Baches gleich rechts in die Bahnhofstraße und die nächste Straße wieder rechts in die Blauenstraße. Die Stationen 4 und 5 könnten Sie wiedererkennen - nur die Wäsche im Garten, die Macke malte, hängt sicher nicht mehr. Die sehenswerte Kirche in Kandern jedoch ist noch

da. Weiter geht es über die Ziegelstraße ins Museumsgässle, wo Sie Station im **Heimat- und Keramikmuseum** machen, so es gerade geöffnet hat. Im Museumsgässle malte Macke das vielleicht schönste Motiv Kanderns, das wir mit der Digitalkamera „nachzuzeichnen" versuchten (Bild). Über einen Abstecher zum Friedhof in der Nähe des Schwimmbades und des Campingplatzes schwenken wir zurück in die Altstadt, überqueren die Kander und erreichen wieder das Rathaus.

Übrigens bietet die **Tourist-Information Kandern** auch ein **eBike Zentrum**, von wo aus Sie mit Motorunterstützung etwas bequemer durchs Kanderner Tal radeln können (Reservierung unter +49(0)7626/97 23-56 oder mailto:verkehrsamt@kandern.de), freitags von 15-18 Uhr gar mit einer geführten Radwanderung - schönes Wetter vorausgesetzt.

S´CHANDERLI (KANDERTALBAHN)

Viele von Ihnen könnten aufgrund etwas gröberer Kunstwerke hier sein. Schließlich darf man auch eine Dampflokomotive getrost als Kunstwerk des Maschinenbaus bezeichnen. Hier im Kandertal schnauft ein solches Exemplar sonntags von Mai bis Oktober von Kandern nach Haltingen und zurück, was das Herz des Eisenbahnfreundes (und der etwas selteneren -freundinnen) sicher höher schlagen lässt. Die Strecke dient ausschließlich der Museumsbahn, an der alle historischen Bahnhöfe und Haltepunkte erhalten werden konnten.

Die 13 km lange Trasse zweigt in Haltingen von der Oberrheinstrecke ab und führt auf landschaftlich attraktiver Stecke (mit entsprechend schönen Fotopunkten) nach Kandern hinauf.

Als Rollmaterial dienen 2-achsige Waggons aus dem 19. und 20. Jh., die von einer preußischen Dampflok T3 gezogen werden. Der Verein besitzt noch zwei weitere Dampfloks (BBÖ 378.78 und SBB 8532/Tigerli) sowie einen Dieseltriebwagen VT3 nebst Diesellok V7.

Mehr Infos und Fahrpläne erhältlich unter www.kandertalbahn.de, eMail info@kandertalbahn.de, Tel. +49(0)7626/97 23 56.

ROUTE 3

Wandertipp: Sausenburg - Bürgeln und zurück

Wer gerne eine große Wanderung unternimmt, kann einem Wandertipp aus dem Rother Wanderführer Schwarzwald Süd folgen. Von Kandern führt die Route über die Ruine **Sausenburg** nach **Bürgeln** und über die **St.-Johannis-Breite** zurück nach **Kandern**. Die Gehzeit beläuft sich auf rund 6 Std, Entfernung 18 km, Höhendifferenz 680 m. So lassen sich zwei der bedeutendsten Schlösser und Burgen des Markgräflerlandes in einer Tour mit herrlichen Aussichtspunkten verbinden.

Auch talabwärts haben wir einiges entdeckt, was wir Ihnen empfehlen können - ein Hofmuseum, liebliche Dörfer, schöne Wanderungen und Radtouren. Suchen Sie aus, was gefällt!

KANDERN-EGISHOLZ - RÜTTEHOF-STUBE UND HOFLADEN

Stellplatzart: .... Gaststätte/Hofladen
GPS: N47 40 50.2 E7 39 03.0
Adresse: .... D-79400 Kandern-Egisholz, Rüttehof 4
Tel.: .... +49(0)7626/88 85
mailto: .... info@ruettehof.de
Homepage: .... www.ruettehof.de
Zufahrtinfo: Von Kandern kommend auf halber Strecke nach Wollbach links hinauf ausgeschildert.
Kurzbeschreibung: Gaststätte im Stil einer Straußwirtschaft. **Öffnungszeiten:** Mi-Sa 17-23 h, So/Feiertag 10-22 h. Zum Gehöft gehört ein großer Hofladen, bei dem Obst, Säfte, Gemüse und Bauernbrot erhältlich sind (offen Mi/Do 11-18 h, Fr 9-18 h, Sa 9-13 h). Außerhalb der Geschäftszeiten können Sie sich am SB-Stand in einer Laube auf dem Hof selbst bedienen.

Für die Kleinen gibt es einen Spielplatz und Platz zum Herumtoben. Zu bestimmten Terminen (siehe Website) bietet man die „gläserne Landwirtschaft" zum Besichtigen an (Hausbrennerei, Obstsaftherstellung).

EGERTEN - WEINSTUBE KREITERHOF

Stellplatzart: .... Straußwirtschaft/Weingut
GPS: N47 40 31.2 E7 39 58.1
Adresse: .... D-79400 Kandern-Egerten, Wollbacher Str. 1
Tel.: .... +49(0)7626/5 91
mailto: .... info@kreiterhof.de
Homepage: .... www.kreiterhof.de
Zufahrtinfo: Von Kandern Richtung Lörrach halten, bis kurz vor Wollbach die Straußwirtschaft links ab ausgeschildert ist. Dann noch ca. 1,5 km fahren und vor den ersten Häusern von Egerten links auf das kleine Sträßchen abbiegen. Nach der Steigung bei der Baumgruppe rechts der Wohnmobil-Stellplatz.
Kurzbeschreibung: Gemütliche Gaststube, schöne Freiterrasse. Sowohl die Strauße als auch das gesamte übrige Areal sind bestückt mit alten Landmaschinen und -geräten, Werkzeugen und vielem mehr.

Rüttehof-Stube/Hofladen

Weinstube Kreiterhof

MUSEUM IM KREITERHOF

Zur Weinstube gehört ein interessantes Museum zur Geschichte des Gehöftes, das nach einem Brand 1808 wieder aufgebaut wurde und bis heute in dieser Form erhalten ist. Seit dem Wiederaufbau sind alle Besitzverhältnisse, die Familiengeschichte, aber auch wechselvolle Zeiten mit der Badischen Revolution, den beiden Weltkriegen bis zur Besatzungszeit und bis heute anhand vieler Dokumente und Berichte sehr interessant und ansprechend dokumentiert. Der Blick ins Museum lohnt sich. **Öffnungszeiten:** Di, Mi, Do, Fr 12-14:00 h u. 17:30 - 22:30 Uhr, So/Feiertag 10:30 - 22:30 durchgehend warme Küche (Ruhetage Mo/Sa).

RÜMMINGEN - BRUCKRAINHOF

Stellplatzart: .... Hofladen/Bauernhof-Café/Vesperstube
GPS: N47 38 35.0 E7 38 08.0
Adresse: .... D-79595 Rümmingen, Alte Kanderner Straße 2
Tel.: ....+49(0)7626/1 45 73
mailto: ....uli.gempp@bruckrainhof.de
Homepage: .... www.bruckrainhof.de
Zufahrtinfo: Im Kandertal Richtung Haltingen bis Rümmingen fahren (Bahnstation des Chanderli). Im Ort rechts ab der Ausschilderung nach Schallbach folgen, die Bahn überqueren, am Sportplatz (=Stellplatzalternative **GPS** N47 38 36.1 E7 38 18.2) vorbei und weiter bis zur Rechtskurve. Geradeaus in die Mühlenstraße und gleich rechts in die Alte Kanderner Straße. Das Hofgebäude liegt direkt an der Abzweigung (Zufahrt nach dem Gebäude).

Kurzbeschreibung: Gepflasterter Parkplatz beim Hofladen/Café/Vesperstube**. Öffnungszeiten: Hofladen** Di-Fr 10-18 h, Sa 8-14 h. Im Angebot sind Obst und Gemüse, Bauernbrot, Kuchen sowie hausgebrannte Schnäpse; **Bauerncafé** Di-Fr 10-12 h, wobei dann ein Frühstücksbuffet angeboten wird. Im Angebot sind selbst gebackene Kuchen und Torten. Die **Vesperstube** ist zu flexiblen Zeiten geöffnet, etwa ein Monat im Frühjahr, über die Sommerferien und zwei Monate im Herbst, jeweils am späten Nachmittag an den gleichen Tagen wie das Café.

Wandern/Rad fahren

Beim Kreiterhof startet der 3 km lange **Kreiterhof-Kulturland-Weg** durch die Rebberge, der die Facetten der Land-, Wein- und Forstwirtschaft beleuchtet und zugleich schöne Aussichtspunkte bietet. Gehzeit ca. 1 Std. Diese kleine, aber feine Route eignet sich gut auch fürs Jogging und Nordic Walking.

Eine ebenfalls sehr schöne Tour ist der **Planetenweg**, der am anderen Ende des Ortes beim **Max-Böhler-Museum** (moderne Kunst) und dem wenige Meter weiter stehenden **Kalkofen** startet. Der Kalkofen nebst Informationstafel erinnert daran, dass hier in früheren Tagen Gips gebrannt wurde. Orientierung geben maßstabsgetreue Modelle der Planeten unseres Sonnensystems, die in entsprechendem Abstand den Wanderweg begleiten - ein Wanderweg, der besonders für Familien zu empfehlen ist.

Die Wanderung verläuft auf guten Forstfahrwegen. Zunächst gehen wir leicht ansteigend durch das noch weite Tal mit grünen Wiesen, die von schönen Wäldern und eher sanften Hügeln umgeben sind. Später nimmt die Steigung zu und wir gelangen auf die Passhöhe hinüber nach Kandern (schöner Picknickplatz). Das Ende des Planetenweges befindet sich mit dem Pluto in Kandern (bis hierher 6 km. Gehzeit ca. 1 1/2 Std.).

INFOS UND ESELSBRÜCKE FÜR KLEINE (UND GROSSE) WANDERER

Mein **V**ater **e**rklärt **m**ir **j**eden **S**onntag **u**nsere **n**eun **P**laneten (**M**erkur-**V**enus-**E**rde-**M**ars-**J**upiter-**S**aturn-**U**ranus-**N**eptun-**P**luto). Dies allerdings ignoriert, dass Pluto nicht mehr als Planet gilt und der Zwergplanet Ceres vergessen wird...
Dafür ist interessant, dass wir mit jedem Schritt sozusagen eine Strecke von 700.000 km zurücklegen, wenn wir es aufs Sonnensystem hochrechnen.

Retour wandern wir auf dem „Zeitweg" (5 km), der uns ebenso bequem zurück nach Egerten führt und zugleich 12 weitere Informationstafeln über die Entwicklung der Erde bietet, sozusagen als Zeitreise durch die Erdgeschichte. Der gesamte Wanderweg ist auch für Radler (MTB) geeignet.

Rad fahren im Kandertal

Die alte Kanderner Straße ist als Fahrradweg - weitgehend autofrei - bis Kandern ausgewiesen. Sollten Sie Ihre Drahtesel dabei haben und Lust zum gemütlichen Radeln haben, könnte der Bruckrainhof ein schöner Ausgangspunkt für eine kleine Radtour nach Kandern sein. Die einfache Strecke beträgt ziemlich genau 10 km und verläuft weitgehend ohne größere Steigungen im Tal.

Unser nächstes Ziel ist die schon erwähnte **Burg Rötteln**, deren Besuch wir mit der Fahrt nach **Weil am Rhein** verbinden und dort den südlichsten Punkt unserer Reise erreichen.

In **Wittlingen** zweigt eine Straße nach **Lörrach-Haagen** ab, die über eine kleine Passhöhe führt. Dort befinden sich zwei geräumige **Wanderparkplätze**, von denen wir eine schöne, gemütliche Wanderung zur Burg Rötteln einlegen können.

Wandern zur Burg Rötteln

Wir entscheiden uns, den Besuch der Burgruine mit einer Wandertour zu verbinden. Auf der Seite des Wanderparkplatzes Stern führt ein Pfad links hinab (Markierung rote Raute) und verläuft zunächst parallel zur Straße. Dann biegt die Route rechts weg durch den Laubwald, bis nach ca. 30 Minuten eine Gabelung folgt, bei der wir uns links halten und noch eine knappe Viertelstunde vor uns haben, bis die Mauern der Ruine durch die Bäume lugen.

Retour gehen wir nach der Besichtigung der Burg und des Museums auf dem Fahrweg (ca. 30 Minuten, Markierung gelbe Raute), fast ohne Steigungen/Gefälle. Beide Wege (hin und zurück 4,5 km) sind problemlos auch mit dem MTB zu machen, was dann eine recht kurze, aber nicht weniger schöne Tour wird. Zugleich ist es eine sehr schöne Jogging- oder Nordic-Walking-Route.

Man kann das Reisemobil über **Lörrach-Haagen** auch bis zum Fuß der Ruine steuern. Auch so wird einem ein kleiner Anstieg zur

Ruine allerdings nicht erspart. Die Burg ist nicht frei zugänglich, sondern es wird eine kleine Eintrittsgebühr kassiert. Das mag man als (sehr milde) Form des Raubrittertums empfinden, doch dient der kleine „Wegzoll" der Erhaltung der einst mächtigen Festung und ist allemal einen kleinen Obolus wert.

DIE BURG RÖTTELN

Bereits im Jahr 751 wird in einer Urkunde des Klosters St. Gallen eine Kirche in Rötteln erwähnt. Knapp 300 Jahre später spricht ein anderes Dokument von den Rötteler Edelherren als Kreuzzugsteilnehmer. Noch einmal zwei Jahrhunderte danach, im Jahr 1259, wird die Burg erstmals erwähnt. Das schwere Erdbeben im Jahr 1356, das Basel fast vollständig in Trümmer legte, ging auch an der Festung nicht spurlos vorbei.

Anfang des 16. Jh. gelangt die Burg an die Herren von Baden und wurde 22 Jahre später im Bauernkrieg eingenommen, aber nicht zerstört. Das holten französische Truppen im Holländischen Erbfolgekrieg unter Marschall Crequi nach.

1926 wurde dann der gemeinnützige Röttelnbund gegründet, der sich seither um die Erhaltung der Substanz kümmert. An ihn fließt auch die - allerdings angemessene und sehr moderate „Raubritterbeute" in Form Ihres Eintrittsgeldes. Denn ohne den Röttelnbund gäbe es hier vermutlich nicht mehr viel zu besichtigen.

Öffnungszeiten: März-Okt. tgl. 10-18 h, Nov-März So/Feiertag 11-16 h, bei Eis und Schnee geschlossen. Tel. +49(0)7621/5 64 94, info@burgruine-roetteln.de, www.schloesser-und-garten.de.

Im Sommer finden auch die Burgfestspiele statt (siehe www.burgfestspiele-roetteln.de) statt. Fürs leibliche Wohl der Gäste sorgt die Burgschenke (www.burgschenke.de).

LÖRRACH-HAAGEN - WANDERPARKPLATZ STERN

Stellplatzart: .... Wanderparkplatz
GPS: N47 39 07.4 E7 40 05.4
Adresse: .... Passhöhe Straße Wittlingen-Haagen
Zufahrtinfo: Von Wollbach zunächst weiter bis Wittlingen, im Ort links ab Richtung LÖ-Haagen und bis zur Passhöhe fahren.
Kurzbeschreibung: Beidseits der Straße auf der Passhöhe große, ebene Wanderparkplätze mit großen Informationstafeln über das vielfältige Wanderwegnetz und Mountain Bike Routen.
Wanderparkplatz Kleeplatz auf der anderen Straßenseite (N47 39 12.0 E7 40 04.5).

P LÖRRACH-HAAGEN - BURG RÖTTELN

Stellplatzart: .... Parkplatz
GPS: N47 38 15.7 E7 39 58.9
Adresse: .... D-79541 Lörrach-Haagen, Schlossgasse
Tel.: .... +49(0)7621/5 64 94
mailto: .... info@burgruine-roetteln.de
Homepage: .... www.schloesser-und-garten.de
Zufahrtinfo: Von Haagen aus unter der A98 hindurch, dann gleich rechts ab ausgeschildert. Wir biegen erneut scharf rechts ab und folgen der steilen Zufahrt bis zum Parkplatz am Fuß der Burg (Achtung - Zone 30!).
Kurzbeschreibung: Schotterparkplatz für PKW/Busse - 5 Minuten Fußweg zur Brücke in die Burg. Mülltonnen vorhanden.

Unser südlichster Punkt der Route

Nun sind wir fast am südlichsten Punkt unserer Reise durchs Markgräflerland angekommen und steuern unser Reisemobil Richtung Weil am Rhein. Wir streifen dabei kurz die Kreisstadt **Lörrach**, ohne sie allerdings zu besuchen. Dies behalten wir uns für unser Buch mobil & aktiv erleben - Naturpark Südschwarzwald vor. So fahren wir von der Burg talwärts und halten uns Richtung Lörrach, wo wir ein Stück am Industriegebiet an der Wiese entlang fahren (B317), bis rechts ein Schild rechts nach **Tüllingen** weist. Der an der Ortsdurchfahrt Tüllingen gut ausgeschilderte **Parkplatz Obertüllingen** ist Ausgangspunkt für verschiedene Wanderwege. Besonders beeindruckend ist die Aussicht über Basel zum SchweizerJura und zu den Vogesen, auch wenn die Sonne mal gar nicht lachen will. In der anderen Richtung genießt man ein herrliches Schwarzwaldpanorama.

ROUTE 3

P TÜLLINGEN - WANDERPARKPLATZ OBERTÜLLINGEN

Stellplatzart: .... Wanderparkplatz
GPS: N47 36 02.8 E7 38 22.1
Adresse: .... D-79539 LÖ-Tüllingen, Obertüllingen
Zufahrtinfo: In der Ortsdurchfahrt Tüllingen Ausschilderung Friedhof folgen. Dort ist der Parkplatz Obertüllingen ausgeschildert. Zufahrt führt bergwärts durchs Wohngebiet (Zone 30!) und endet am geschotterten Parkplatz am Fuß des Sendemasten.
Kurzbeschreibung: Geschotterter Parkplatz, bestehend aus zwei Terrassen auf dem Tüllinger Berg. Mülltonnen (Mülltrennung!) sind vorhanden.

Wandern rund um den Tüllinger Berg

Ein überwiegend auf guten Forstfahrwegen angelegter Wanderweg verläuft ohne wesentliche Steigungen und Gefälle rund um die markante Erhebung zwischen Rhein, Wiese und Kander. Immer wieder genießen wir die Aussicht, aber auch den lichten Mischwald, bis wir nach einer Stunde am Wohnmobil zurück sind (ca. 4 km). Der Weg ist durchweg auch gut für eine kleine Tour mit dem Mountain Bike, fürs Nordic Walking oder Jogging nutzbar.

Bevor wir weiterfahren, hier ein Hinweis für die ‚Dickschiffe'. Die Straße Tüllingen - **Weil am Rhein** ist für Fahrzeuge mit **max. 3,5 t** reserviert. Wer mehr auf die Waage bringt, muss einen Umweg in Kauf nehmen, zur B317 und auf der Bundesstraße nach Weil fahren. Von Tüllingen kommend erreichen wir das **Laguna Badeland** über die Pfädlistraße, überqueren die B317 und gelangen so in die Nonnenholzstraße, von der die Zufahrt zum P1 gut ausgeschildert ist. Gleiches gilt für die Anfahrt über die Bundesstraße.

DAS LAGUNA BADELAND

Auf ins Badevergnügen - es sei denn, sie reisen vor der Baufertigstellung an. Dann müssen Sie sich auf die Besichtigung einer Großbaustelle beschränken, weil das **Sauna-Paradies vier Jahreszeiten** und das **Sport- und Freizeitbad** grundlegend modernisiert und teils neu gebaut werden. Das Saunaparadies wird im Zug der Umbaumaßnahmen voraussichtlich von Juli-November 2012 geschlossen. Die Baumaßnahmen für das Freizeitbad dauern seit Herbst 2011 und voraussichtlich bis ins Frühjahr 2013, weil die unerwartet lange Frostphase 2012 eine längere Baupause verursachte.

Wer nach Wiedereröffnung anreist, genießt ein hochmodernes Bade- und Wellnessvergnügen, das kaum Wünsche offen lassen dürfte. Noch können wir aber keine Eindrücke vermitteln. Auch mit Bildern oder Hinweisen zu einem Wohnmobil-Parkplatz können wir nicht dienen. Fotos der Baustelle würden nicht viel hergeben. Hierfür bitten wir, aber auch die Verwaltung des Badelands, um Verständnis. Wir können nun hoffen, dass die Belange der Wohnmobil-Touristen Berücksichtigung finden, damit wir zumindest mit dem Wohnmobil dort auch mal über Nacht parken können. Unsere Anregung diesbezüglich haben wir kundgetan und sind gespannt, ob dies Gehör findet. Vielleicht ist es deshalb sinnvoll, vorsorglich auf den Parkplatz P1 (N47 35 10.2 E7 37 02.6) hinzuweisen, auf dem Wohnmobile der Kunden bisher willkommen waren, wenn Sie beim Besuch im Bad- oder in der Sauna kurz **nachfragen**. Doch bitte achten Sie darauf, **nicht längs über mehrere Parkbuchten** zu parken. Suchen Sie sich eine Parkbucht, die es erlaubt mit dem Wohnmobil so zu parken, dass der hintere Achsüberhang über der Rasenfläche zu stehen kommt. So haben Sie Platz, und die übrigen Badegäste auch. Alles andere wird nicht gern gesehen, übrigens auch **kein Campingverhalten**!

Weil am Rhein hat aber noch eine weitere Besonderheit zu bieten. Sicher haben Sie auf Kreisverkehren der Stadt schon Stühle entdeckt? Sie dienen nicht der wohlverdienten Ruhephase für die Autofahrer, sondern wurden von der Firma Vitra gestiftet um auf das aufmerksam zu machen, was auch Sie nicht verpassen sollten, das **Vitra Design Museum**.

DAS VITRA DESIGN MUSEUM - UND DAS VITRA-HAUS

Zunächst werden auch Sie vermutlich schon beim ersten Anblick der Industriegebäude überrascht sein, welche architektonische Vielfalt Sie erwartet. Ob Sie den Wunsch haben, für Ihr Zuhause oder Ihr Büro eine neue Ausstattung mit Designer-Möbeln zu beschaffen, vielleicht auch nur neue Ideen brauchen, dann besuchen Sie nicht nur das Museum, sondern das **Vitra-Haus**, das in Form von 7 übereinander gestapelten Einzelhäusern gebaut ist. Am Empfang erhalten Sie eine Chipkarte, mit der Sie zu allen Möbelstücken Informationen abrufen und auf Wunsch auch bestellen können. Prima gemacht, egal ob man einfach nur schauen oder etwas kaufen möchte. Zu empfehlen ist auch ein Besuch in der **Caféteria**. Doch das Herzstück und Ziel unseres Besuchs ist das Vitra Design Museum, wo Sie einen Besuch des Museums allein, aber auch in Verbindung mit der **Architekturführung** buchen können. Das ist unbedingt zu empfehlen. Auch Sie werden die Vielfalt einer Industrieanlage bewundern, deren große Hallen von den Star-Architekten von Nicholas Grimshaw, Alvaro Siza und Kazuyo Sejima geplant wurden. Ebenso beeindruckend ist das **Konferenzzentrum,** das vom japanischen Architekten Tadao Ando durchdacht gestaltet wurde. Das **Feuerwehrhaus** der irakischen Star-Architektin Zaha Hadid, das mittlerweile aber nicht mehr von der Betriebsfeuerwehr genutzt wird, brachte ihr den Durchbruch ihres Schaffens und weltweit zahlreiche Folgeaufträge. Im Außenbereich entdecken Sie noch mehr interessante Konstruktionen.

P WEIL AM RHEIN - VITRA DESIGN MUSEUM

Stellplatzart: .... Parkplatz des Museums
GPS: N47 36 12.3 E7 36 57.4
Adresse: .... D-79576 Weil am Rhein, Römerstraße
Tel.: .... +49.7621.702.3200
mailto: .... info@design-museum.de
Homepage: .... www.design-museum.de

Zufahrtinfo: Vom P1 des Laguna Badelandes über die Nonnenholzstraße zur B317, dort links in westlicher Richtung bis zur B3. Dieser folgen Sie 2 km Richtung Freiburg und biegen rechts ab auf die B532 Richtung Frankreich. Jedoch blinken wir links und fahren in die Römerstraße. Das Museum ist schon ausgeschildert und wird nach 200 m rechts ab erreicht.
Kurzbeschreibung: PKW Parkplatz zwischen den Fabrikgebäuden der Firma Vitra und der Bahnlinie. Da das Gelände vom Sicherheitsdienst der Firma bewacht wird (Videoüberwachung) und der Parkplatz für die Mitarbeiter dient, ist die Parkordnung einzuhalten (nicht längs parken!). Es ist **kein Wohnmobil-Parkplatz** und die **Übernachtung nicht erwünscht**. Ohnehin ist es - bedingt durch die nahe Bahnstrecke mit Güter- und Rangierverkehr - nicht gerade ein leiser Platz.

ROUTE 3

Design und Kunst passen gut zueinander. So haben wir einen Geheimtipp für Sie, der Einheimischen so geheim gar nicht ist. **Ötlingen**, das hoch über dem Dreiländereck eine weite Aussicht genießt, erwartet Sie mit zwei Attraktionen, die Sie einplanen sollten. An fast 60 Häusern und in Vorgärten erwarten Sie Gemälde und Skulpturen regionaler Künstler. Sie werden auf der Homepage www.art-dorf.de näher erläutert. Wir haben uns darauf beschränkt, gemütlich durch das Dorf zu spazieren und die zahlreichen Kunstwerke und die Idee dazu einfach ausführlich zu genießen.

ROUTE 3

ART-DORF - FREILICHTGALERIE ÖTLINGEN

Die Initiative zu dieser das ganze Dorf auf hochinteressante Weise gestalteten Galerie geht auf den Künstler Gerhard Hanemann zurück. Er möchte mit seiner Idee seit 2004 die künstlerische Entwicklung in Ötlingen vorantreiben. 2006 ging es in die Umsetzungsphase nach dem Vorbild der Gemeinde Casoli in den Abruzzen. Er gewann regionale Künstler für die Idee, die Ötlinger Hausfassaden mit Gemälden oder Fotografien und die Vorgärten mit Skulpturen zu verschönern. Übrigens sucht er nach wie vor Künstler, die sich hier gerne verwirklichen möchten.

Künstler und Fotografen, die an diesem Projekt mitwirken möchten, dürfen sich gerne melden. www.art-dorf.de. Buchtipp dazu: ART-dorf Fotobuch, ISBN-Nummer: 978-3-00-031897-9).

Gemälde am Haus

Tapete im Café Inka

Zum guten Schluss besuchen wir das **Café Inka** - ein überraschender Name in einem Markgräfler Dorf. Doch tun wir das nicht nur um Kaffee und Kuchen zu genießen. Vielmehr bietet der Gastraum im Obergeschoss eine Besonderheit. Hier wurden im Zuge von Umbauarbeiten sehr alte, wertvolle Tapeten an den Wänden entdeckt. Sie sollen auf das Jahr 1738 datieren.

Damit wir all das in Ruhe anschauen können, steht unser Wohnmobil derweil auf dem Parkplatz der Mehrzweckhalle, der an der Ortseinfahrt von Weil kommend gut ausgeschildert ist, auch wenn die Zufahrt etwas eng erscheint.

P ÖTLINGEN - MEHRZWECKHALLE

Stellplatzart: .... Parkplatz
GPS: N47 37 26.0 E7 37 30.7
Adresse: .... D-79576 Weil-Ötlingen, Zur Inmatt
Zufahrtinfo: Vom Vitra Design Museum wie gehabt zurück zur B3 Richtung Freiburg. Am Kreisverkehr nach knapp 2 km die erste Ausfahrt nehmen und der Ausschilderung nach Ötlingen folgen. Am Ortseingang Ötlingen weist ein Schild links ab zum Parkplatz Mehrzweckhalle, dem wir folgen und dort parken.
Kurzbeschreibung: Im Ort gelegener, asphaltierter Parkplatz bei der Mehrzweckhalle/Schule. Mülltonnen und Glascontainer am Platz. Etwa 5 Minuten Fußweg an die Ortsdurchgangsstraße, an der zahlreiche der besagten Kunstwerke die Fassaden der Häuser schmücken.

Nun liegt der südliche Wendepunkt unserer Reise hinter uns und unsere Fahrtrichtungsanzeige weist wieder in nördlicher Richtung. Doch haben aber noch manch Interessantes vor uns. So steuern wir unseren Wagen zurück zur B3, halten uns aber vor Efringen-Kirchen Richtung **Fischingen** und **Egringen**, das zu dem Ort mit Doppelnamen gehört. Nicht nur ein gut sortierter Hofladen hat es uns dort angetan, um uns mit Gemüse, Obst und hausgemachter Marmelade einzudecken, sondern das Dorf selbst.

Das Dorfbild wird von der alten **Kirche** (Bild links) mit dem trutzigen Turm als Mittelpunkt dominiert. Ihre Geschichte reicht bis ins Jahr 775 zurück. Benachbart befindet sich der früher zum Kloster St. Gallen gehörende Meierhof. Beim Spaziergang durchs Dorf sind schmucke und gepflegte Hofgebäude zu entdecken, bevor wir zum Wohnmobil zurück gehen und wieder starten.

Den Hofladen Schopferer haben wir uns zum Schluss aufgehoben. Er liegt nach Ortsausfahrt Richtung Kandern links (**GPS** N47 40 03.6 E7 36 17.0, In der Breite 1, Öffnungszeit: Di-Fr 9-12.30 h und 14-19 h, Sa 8-13 h.). Da die Übernachtung im Wohnmobil auf dem Hofgelände nicht gerne gesehen ist, fahren wir nach dem Einkauf weiter ins Nachbardorf **Mappach**.

ROUTE 3

Fahren Sie vom Hofladen nicht zur Straße zurück, sondern über den Erdwall Richtung Dorf, dann rechts ab und um die abknikkende Vorfahrt, bis Sie dem Hinweisschild nach Mappach folgen. Dort erwartet Sie wiederum eine schmucke alte **Kirche**, die im Jahr 874 erstmals erwähnt wurde. Im Chorraum sind Fragmente uralter, schöner **Fresken** zu entdecken (Foto rechts).

Nun halten wir uns bergwärts und auf Nebensträßchen über den Bergrücken Richtung **Wintersweiler**. Zunächst rumpelt das Geschirr im Wohnmobil auf der Piste aus Betonplatten etwas, bis eine Einmündung erreicht ist, bei der wir links abbiegen. Es handelt sich um die alte **Poststraße von Freiburg nach Basel**. Hier darf das Wohnmobil ein kleines Stück über eine (gute) Schotterstraße rollen, bevor wir die B3 erreichen, um links ab in den Hauptort **Efringen-Kirchen** zu gelangen. Der Doppelort entstand 1942 und wurde im Zuge der Gemeindereform der 70er Jahre auf 9 Teilorte erweitert. **Efringen** und **Kirchen** schauen jedoch auf eine wesentlich längere, wechselvolle Geschichte zurück, was sich in Funden aus alemannischer und römischer Zeit dokumentiert. Leider hat der II. Weltkrieg durch Artilleriebeschuss auch hier arge Schäden hinterlassen, wie fast überall in den Dörfern am Rhein. Mit der evangelischen **Lutherkirche** in Efringen aus dem Jahr 1157 und der **Christuskirche** in Kirchen finden sich zwei interessante, alte Gotteshäuser. Wer etwas mehr über die Orte erfahren möchte, wendet sich am besten an die Tourist-Information (Touristikinfo Efringen-Kirchen, Hauptstraße 26, 79588 Efringen-Kirchen, Tel. +49(0)7628/8060).

Eine wohnmobilspezifische Einrichtung finden wir hier nicht. So halten wir uns nicht länger auf und steuern den Wagen nach **Istein**, das wir auf der parallel zur Autobahn verlaufenden L 137 erreichen. Der Ort hatte in Kriegszeiten, besonders in den letzten Wochen des II. Weltkriegs, durch Artilleriebeschuss sehr zu leiden, übrigens auch das heutige Naturschutzgebiet **Isteiner Klotz**.

Hier finden wir mehrere Parkplatzalternativen, die für Wohnmobile mehr oder weniger gut geeignet sind. Entscheiden Sie selbst, welcher Platz für Sie am passendsten ist. Wir haben uns schlicht für den mit der schönsten Aussicht entschieden.

ISTEIN - REINGERHOF

Stellplatzart: .... Straußwirtschaft
GPS: N47 39 52.9 E7 32 15.6
Adresse: .... D-79588 Istein, Auf der Festung 2
Tel.: .... +49(0)7628/4 40
mailto: .... kontakt@reingerhof.de
Homepage: .... www.reingerhof.de
Zufahrtinfo: Von der L137 nach Istein rechts abbiegen und an der ersten Abzweigung rechts, um im weiten Bogen um den Ort mäßig ansteigend Richtung Isteiner Klotz zu gelangen. Die Strauße ist ausgeschildert. Oben auf die Abzweigung links achten, die bis zur Gaststätte führt.
Kurzbeschreibung: Die Sonnenterrasse der Straußwirtschaft bietet bei schönem Wetter eine hervorragende Aussicht über das Dreiländereck. Von hier hat man den Überblick, was auf dem Flughafen Basel-Mulhouse-Freiburg an Aluminiumvögeln ankommt und abhebt. Im Hintergrund zeichnen sich die Vogesen und der Schweizer Jura ab, mit etwas Wetterglück einige Gipfel der Alpen, darunter Eiger, Mönch und Jungfrau.

Einen Wermutstropfen müssen wir für diesen Platz allerdings einschenken: Der Parkplatz ist - Tribut an die Lage am Berg - ziemlich schräg, wofür aber die Einkehrmöglichkeit und die unglaublich schöne Aussicht hinwegtrösten. Sie sollten auch nicht unbedingt an Wochenenden und Feiertagen hinauf fahren, ohne vorher anzurufen. Es gibt nur eine Parkmöglichkeit, auf der das Wohnmobil einigermaßen waagerecht steht (Bild nächste Seite). Der restliche Parkplatz ist so schräg, dass man schier das Glas auf dem Tisch vor dem Abrutschen sichern müsste. Vorsicht auch wegen der Äste der Bäume.

ISTEIN - ST. VEITS KAPELLE/FRIEDHOF

Stellplatzart: ....Wanderparkplatz
GPS: N47 39 40.4 E7 31 48.9
Adresse: ....D-79588 Istein, an der L137
Zufahrtinfo: Von Istein aus rechts auf die L137 in nördlicher Richtung und bereits nach 200 m am Fuß des markanten Isteiner Klotzes rechts ab.
Kurzbeschreibung: Kleiner Parkplatz auf beiden Seiten der B3. Wenige Schritte zur gleichsam in die Felswand geklebten St. Veits Kapelle, die nach dem Krieg aus Spenden mühsam wieder aufgebaut werden musste. Auch sie war dem Artilleriebeschuss zum Opfer gefallen.

Am Fuß des Isteiner Klotzes hatte sich im Mittelalter ein Nonnenkloster befunden, das jedoch nach der Säkularisierung als Baustoffquelle herhalten musste. Deshalb ist vom Kloster heute nichts mehr als nur eine Informationstafel erhalten.

Wenn Sie gerne über Nacht bleiben möchten, sollten Sie 200 m weiter fahren. Dort findet sich ein weiterer Parkplatz (Friedhof) mit etwas mehr Abstand zur Bundesstraße, ohne jegliche Ausstattung.

Wer nur einen kurzen Aufenthalt für eine Radtour oder Wanderung einlegt, verlässt die L137 der Ausschilderung Istein folgend und findet sowohl am Anfang als auch am Ende des Dorfes einen Parkplatz. Soll es für die Nacht sein, würden wir die Parkmöglichkeit beim Sportplatz am nördlichen Ortsausgang/Sportplatz oder die bereits erwähnten Plätze bevorzugen. (**Parkplatz Ortseingang GPS** N47 39 17.1 E7 32 36.7, **Parkplatz Sportplatz GPS** N47 39 37.1 E7 31 58.3, Neue Straße).

Ein dritter Parkplatz findet sich jenseits der Autobahn: **Waldparkplatz Steinplatz/Rheinzugang GPS** N47 39 31.9 E7 31 44.0. Sie erreichen den Parkplatz bei der nördlichen Ortsausfahrt, indem Sie geradeaus die Landesstraße über- und dann die Autobahn unterqueren. **ACHTUNG: NUR Fahrzeuge unter 2,90 m Höhe**! Hier wiederum ist die Autobahn ein Stör- und Lärmfaktor, weshalb wir den Parkplatz nicht für die Nacht empfehlen bzw. nutzen würden.

Eines ist allen Parkplätzen hier gemeinsam: Geräusche von der nahen Bahnlinie, der Landesstraße und der Autobahn sind nicht zu vermeiden und nicht zu überhören. Es ist aber nicht allzu störend, wie wir meinen. Grund ist: Es ist einfach nur kaum Platz zwischen Rhein und der Felswand für Eisenbahn, Autobahn, Bundesstraße und Dorf. Und doch lohnt sich der Besuch sowohl im schönen Dorf als auch in der Natur rundherum.

Wandern auf dem Klotzenweg (Isteiner Klotz)

Am beeindruckendsten ist sicherlich eine Wanderung auf den Kalkfelsen und um ihn herum. Vom Dorf folgen Sie der Straße am Berghang aufwärts Richtung Reingerhof (ausgeschildert). Dort angekommen, wandern Sie auf dem Fahrweg am Reingerhof vorbei, bis ein kleiner Stichweg links zur Felsnase führt, von der Sie einen noch schöneren Ausblick haben. Dort werden zur Bauernfasnacht regelmäßig (wie überall im Markgräflerland) die großen Fasnachtsfeuer abgebrannt. Wer hier oben steht weiß, weshalb an dieser Stelle immer wieder Burg- und Befestigungsanlagen errichtet wurden. Die Wehrmacht hat für den letzten Weltkrieg den Felsklotz zur **Festung** mit über 100 Bunkern und unterirdischen Anlagen umfunktioniert. Entsprechend war der Beschuss der Artillerie von jenseits des Rheins. Gesprengte **Bunker des Westwalls** und Schützengräben zeugen von diesen schrecklichen Aktivitäten. Doch können wir heutzutage Gottlob beruhigt die Landschaft genießen.

Der Wanderweg führt durch den lichten Wald und über Streuobstwiesen rund um die Felsnase und endet wieder am Reingerhof. Wenn Sie dort nicht einkehren möchten oder den Ruhetag erwischt haben: Etwas oberhalb, nahe dem Sportplatz, finden Sie einen sehr schönen, aussichtsreichen **Picknickplatz**. Insgesamt etwa 1 Std. Gehzeit/4 km auf guten Waldfahrwegen.

Ein weiterer interessanter Wandervorschlag (Stein und Wein) wurde in Zusammenarbeit von Gemeinde und Bergwacht angelegt und mit informativen Schildern versehen. Diese erläutern die Geologie, Flora und Fauna und geben Hinweise zur Geschichte und zum Festungsbau. Die Ausschilderung ist vom Ort aus mit dem Schild „Stein und Wein" gegeben.

Wandern, Joggen, Walking oder Rad fahren

Die Parkplätze am Sportplatz und der Wanderparkplatz am Rhein sind besonders gut geeignet, um entlang des Stroms zu wandern oder zu radeln. Es handelt sich um den **Oberrhein Radwanderweg** vom Dreiländereck bis zum Taubergießen. Hier können Sie sich kurze oder längere Etappen aussuchen - immer unter dem Vorbehalt, dass Sie wieder zum Wohnmobil zurück gelangen müssen.

Sind Sie zu Fuß unterwegs, sollten Sie sich ergänzend zur Wanderung auf dem Klotzenweg (oder als Ersatz dazu?) die etwa 1,6 km bis zur **Isteiner Schwelle** oder weitere 1,8 km bis zur **Kirchener Schwelle** gönnen. Beides waren vor der **Rheinbegradigung** und der Ableitung des **Rheinseitenkanals** auf französischer Seite berüchtigte Stromschnellen, die den Lastkähnen große Probleme bereitet hatten. Auf den unzähligen Felsinselchen bei der Isteiner Schwelle werden Sie viele Wasservögel beobachten können - vom Graureiher über Kormorane bis zu zahlreichen Entenarten. Ein abwechslungsreiches Naturschauspiel! Um es besser sehen zu können, wurde eine Aussichtsplattform errichtet, von der aus Sie all das bestens im Blick haben.

Vielleicht entdecken auch Sie einen **Goldwäscher** in Ufernähe im Wasser sitzend und den Rheinkies siebend auf der Suche nach dem berühmten **Rheingold**, das es in der Tat nicht nur in der Oper oder auf den Schienen der Bundesbahn gibt (bzw. gab).

Die stattliche Zahl von Joggern und Walkern zeigt auch, dass diese Strecke bestens für diese Sportarten geeignet ist.

RENATURIERUNG/ÜBERFLUTUNGSZONE IM AUWALDGÜRTEL

Besonders beachten sollten Sie auch, dass hier mit großem Aufwand versucht wird, wenigstens einen Teil der Schäden wieder rückgängig zu machen, die von der Rheinbegradigung unter Tulla herrühren. In großen Abschnitten zwischen Basel und Breisach versucht man das Bodenniveau durch Ausbaggern des Kiesgrundes abzusenken und der Natur die ursprünglichen Überschwemmungsgebiete zurückzugeben.

Nur - zum Baden eignet sich der Fluss leider nicht, und wenn, dann ausdrücklich auf eigene Gefahr. Deutlich warnen Hinweistafeln an den Slipanlagen für Sportboote, wie hier, vor der **Gefahr eines schnellen Wasseranstieges**. Die Wasserführung wird nicht nur von Mutter Natur gesteuert, sondern auf französischer Seite schon mal von Menschenhand. So wird ab und an (manchmal auch ohne Vorwarnung) eine Schleuse des **Rheinseitenkanals** (Grand Canal d´Alsace) geöffnet und so das natürliche Flussbett einer wahren Hochwasserwelle ausgesetzt Der Kanal hat nämlich ein erheblich höheres Wasserniveau als der Rhein selbst, der in trockenen Sommern da und dort als breites, eher armseliges Rinnsal erscheint, bei Hochwasser aber zum reißenden, braun schäumenden Strom anschwellen kann.

Wenn Sie nun dennoch gerne einen schönen (Warm-)Badetag einlegen möchten, was liegt dann näher als über **Kleinkems** und **Rheinweiler** nach **Bad Bellingen** zu sausen, wo sich ein gut ausgestatteter Wohnmobil-Stellplatz findet? Sollte dieser belegt sein oder Sie einen Campingplatz bevorzugen, wird Ihnen diesbezüglich im Ortsteil **Bamlach** (oberhalb der Therme) geholfen.

BAD BELLINGEN-BAMLACH - CAMPING LUG INS LAND

Stellplatzart: .... Campingplatz
GPS: N47 42 44.2 E7 32 50.1
Adresse: .... D-79415 Bad Bellingen-Bamlach, Römerstraße 5
Tel.: .... +49(0)7635/18 20
mailto: .... info@camping-luginsland.de
Homepage: .... www.camping-luginsland.de
Zufahrtinfo: Folgen Sie der ersten Ausfahrt Bad Bellingen von der Umgehungsstraße rechts ab und halten sich anschließend Richtung Bamlach.
Kurzbeschreibung: Auch hier macht man sich die Wetterdaten zunutze und bezeichnet sich als den sonnenreichsten Campingplatz Deutschlands. Er bietet zudem dem Namen entsprechend eine herrliche Aussicht übers Rheintal zu den Vogesen. Gut ausgestattet, Restaurant, Kinderbetreuung, verschiedene Erlebnis- Expeditionen ins Umland, umfassendes Animationsprogramm und vieles mehr. Natürlich gibt es eine gute Ver-/ Entsorgungsstation. Konus-Karte in der Kurtaxe inbegriffen.

BAD BELLINGEN - BALINEA THERME

Stellplatzart: Wohnmobil-Stellplatz
GPS: N47 43 47.3 E7 33 08.1
Adresse: D-79415 Bad Bellingen, Badstraße 14
Tel.: +49(0)7635/2 82
mailto: info@bad-bellingen.de
Homepage: www.bad-bellingen.de
Zufahrtinfo: Von der Ortsumgehung ist die Therme sehr gut ausgeschildert. Sie liegt nur wenige Meter neben der (nachts wenig befahrenen) Landesstraße.
Kurzbeschreibung: 31 geräumige Stellplatzbuchten, ausschließlich für Wohnmobile reserviert am Rande des Kurparks. Ver- und Entsorgungsanlage, die meisten Stellplätze auch mit Stromanschluss.

Stellplatzgebühr von € 10,00 zzgl. Kurtaxe (€ 2,25 p. P. im Sommerhalbjahr, sonst € 1,45). Wichtig: Sie erhalten mit Bezahlung der Stellplatzgebühr die Gästekarte von Bad Bellingen, die nicht nur viele örtliche Angebote beinhaltet, sondern vor allem die Konus-Karte.

Frischwasser € 1,00. Duschen in der Therme gegen zusätzliche Gebühr € 1,50 (max. 30 Minuten), WC im Kurhaus sowie im Kurpark. Anmeldung 8-21 Uhr (Winterhalbjahr 9-21 Uhr), sonst am Folgetag an der Kasse der Therme anmelden.

Tagesgäste parken auf dem PKW-Parkplatz von 7-22 Uhr mit dem Wohnmobil kostenfrei, sofern es angesichts der Fahrzeugabmessungen auf einen PKW-Parkplatz passt. Der benachbarte Lebensmittelmarkt mit Bäckereifiliale sowie das Kurhaus-Restaurant lassen fürs leibliche Wohl kaum Wünsche offen. Wenige Meter zur täglich offenen Therme.

Besonders stolz ist man in Bad Bellingen auf den Titel „**sonnenreichstes Heilbad Deutschlands**". Im Jahr 2009 wurden immerhin **2.128 Sonnenstunden** gemessen. Auch das Heilwasser zeichnet sich durch einen hohen Mineral- und Kohlensäuregehalt aus.

FAKTEN ZUR BALINEA THERME

Die **Balinea Therme** bietet in modernem Ambiente nicht nur schöne Frei- und Innenbecken mit Mineral-Thermalwasser und ca. 1000 m² Wasserfläche. Dort können Sie ausgiebig entspannen, indem Sie die verschiedenen Massagedüsen und Sprudelliegen ausgiebig nutzen oder sich im Strömungskanal treiben lassen. Darüber hinaus erwartet Sie ein moderner Sauna-Park, die Totes-Meer-Salzgrotte (besonders bei Erkrankungen der Atemwege zu empfehlen) und ein buntes Programm an Wellness- und Badeanwendungen - genug also, um hier etwas mehr Zeit einzuplanen. Nicht umsonst findet der Wohnmobil-Stellplatz sehr guten Zulauf.

Das Thermalbad (Eintritt € 11,00) öffnet seine Pforten täglich von 9-22 Uhr, der Sauna-Park von 10-22 Uhr (Kombiticket € 17,50), günstiger Abendtarif ab 18 Uhr. Kassen- und Anmeldeschluss ist 21 Uhr.

Sämtliche Zusatzangebote wie Wellnes, Massagen, Sauna sowie Speisen und Getränke im Restaurant/Café können individuell in Anspruch genommen werden. Man bucht alles einfach mit dem Chip im Armband, das man beim Empfang erhält. Bezahlt wird bei Verlassen der Therme. Die Totes-Meer-Salzgrotte (Aufpreis € 10,00, mit Gästekarte € 9,00) befindet sich im unmittelbar angeschlossenen Kurmittelhaus. Die dort angebotenen Zusatzleistungen wie Klangschalenzeremonie, Fantasiereise etc. müssen vorab reserviert werden.

Sonstige Attraktionen in Bad Bellingen

Nutzen Sie unbedingt die Gelegenheit für einen ausgiebigen Spaziergang durch den **Kurpark**, dessen Informationsschilder zu Flora und Fauna allerdings etwas in die Jahre gekommen erscheinen. Hinter der Therme befindet sich eine Möglichkeit, kostenfrei eine „natürliche Fußreflexzonen-Massage" in Anspruch zu nehmen, indem man den etwa 800 m langen **Barfußpark** nutzt - ein schönes Erlebnis für die ganze Familie, und gesund obendrein!

ROUTE 3

Sie möchten ein **eBike** mieten? Dann fragen Sie bei der Tourist-Information in der Therme oder gehen direkt zum Schwarzwälder Hof (Von-Andlaw-Str. 9, Tel. +49(0)7635/8 10 80, info@schwarzwaelderhof-bb.de) und schwingen sich auf das Fahrrad mit Elektrounterstützung.

Im Ortsteil **Bamlach** findet sich nicht nur der schon erwähnte Campingplatz, sondern auf der Zufahrt zu diesem Platz auch das interessante Oberreinische Bädermuseum.

DAS OBERRHEINISCHE BÄDERMUSEUM

An der Zufahrtsstraße liegt das Oberrheinische Bädermuseum (Alte Weinstraße 25), das mittwochs und sonntags jeweils von 14-17 h seine Pforten für die Gäste öffnet. Das Museum kümmert sich um die Badekultur im gesamten Dreiländereck, aufgeteilt in Sparten ab der Römerzeit übers Mittelalter bis hin zur Neuzeit. Schon die Römer hatten in Bad Bellingen eine der größten Badeanlagen nördlich der Alpen erbaut und lange Zeit genutzt. An ihre Badekultur lehnen sich zahlreiche Gestaltungsmerkmale und nicht zuletzt die Namen der Thermen im Markgräflerland an (Balinea, Cassiopeia und Vita Classica). Gezeigt werden auch Informationen zur mittelalterlichen Badepraxis, aus der auch der Beruf des Baders entstand, der unter anderem medizinische Aufgaben wahrnahm.

Als 1955 auch in Bad Bellingen eigentlich nach Erdöl gebohrt wurde, fand man stattdessen warmes Mineralthermalwasser, das dem früheren Winzerdorf den Zusatz „Bad" erlaubte. Der erste Bottich, der damals Badezwecken diente, ist Herzstück des Bädermuseums (Bild).

Das angeschlossene Heimatmuseum der vier Ortsteile Bad Bellingens konzentriert sich auf die Themen Weinbau, Schmiedehandwerk und auf die Fischerei. Schließlich lag auch Bad Bellingen früher unmittelbar am Rhein, weshalb der Fischfang eine wichtige Lebensgrundlage bot. Kurzum - ein Besuch lohnt sich, und das Museum zeigt hochinteressante Aspekte zur Orts-und Regionalgeschichte. Mehr Info: Tel. +49(0)7635-822160, mailto: info@baedermuseum.de. Besonders schön und erwähnenswert: Der Eintritt ist meist frei, es sei denn es findet gerade eine Sonderausstellung statt. Darüber hinaus hat der Oberrheinische Museumspass Gültigkeit.

So schön der Aufenthalt in Bad Bellingen ist, wir ziehen dennoch weiter und sausen nordwärts bis **Schliengen**. Der Winzerort zeichnet sich nicht nur als Heimat der **ersten Markgräfler Winzergenossenschaft** aus. Diese hat übrigens ein **Trottenmuseum** eingerichtet, das eine derartige Presse aus dem 17. Jahrhundert als Herzstück aufweist, aber auch zahlreiche andere Gerätschaften des Weinbaus. Schliengen hat noch einiges mehr zu bieten. Nicht

viele Orte der Region verfügen über ein ähnlich schönes **Rathaus**, wie Schliengen mit dem **Wasserschloss Entenstein**. Es ist das geschichtsträchtigste Gebäude der Gemeinde. Nicht erst seit der Neuzeit wird hier die Kommunalpolitik gestaltet. Sehenswert ist weiterhin die **St. Leodegar Kirche** aus dem 18. Jh. mit Elementen aus verschiedenen Bauepochen. Und nicht zuletzt gehört der prägende Gipfel des Markgräflerlands, der **Hochblauen**, auf Schliengener Gemarkung. Doch ihn hatten wir ja nebst Ausflug ins **Eggener Tal** schon zuvor von Badenweiler aus aufgesucht.

Sollte gerade hier Bedarf an einer Stellplatzmöglichkeit bestehen, haben wir eine schöne Weinschenke etwas außerhalb gefunden. Schliengen bietet ansonsten keine für Wohnmobile geeignete Alternative für die Nacht. Folgen Sie uns also nochmal ein Stück südwärts auf der B3

SCHLIENGEN - ZIMMERMANNS WEINSCHENKE

Stellplatzart: .... Weingut, Straußwirtschaft
GPS: N47 44 14.8 E7 34 27.3
Adresse: .... 79418 Schliengen, Bürgelnblick 1
Tel.: .... +49(0)7635/6 65
mailto: .... info@zimmermann-wein.de
Homepage: .... www.zimmermann-wein.de
Zufahrtinfo: Von Schliengen aus folgen Sie der B3 in südlicher Richtung bis zur Kuppe bergwärts. Dort ist von weitem die Giebelseite des Weinguts mit Aufschrift „Straußwirtschaft" zu sehen. Entsprechend biegen Sie rechts ab und halten sich am Weingut geradeaus, bis nach wenigen Metern der Parkplatz rechts erreicht ist.
Kurzbeschreibung: Ebener Schotterparkplatz mit Sicht- und Windschutz und etwas Schatten durch eine Baum- und Buschreihe, schöne Aussicht. Die Weinschenke ist saisonal jeweils im Frühling und im Herbst täglich geöffnet Ende März - Anfang Juni und Mitte August bis Anfang November, Mo-Sa ab 15 h, So/feiertags ab 11 h. Weinverkauf Mo-Fr 9-12 h u. 14-18 h, Sa 10-12 h, Weinprobe nach Vereinbarung. Saisonal wechselnde Speisen und Getränke, zum Beispiel im Frühjahr Spargel, im Herbst neuer Wein und Zwiebelkuchen (der hier Zwiebelwaie heißt).

ROUTE 3

Wandern oder Radeln

Von der Weinstube aus kann man die Gelegenheit für eine kleine Wanderung oder eine Radtour nutzen. Vom Stellplatz sind es nur ein paar Meter bis man links ab parallel zur B3 wandern kann. Man überquert nach ca. 20 Minuten die Hertinger Straße, der Weg durchquert einen Golfplatz. Nach nochmals etwa 20 Minuten geht es rechts ab zur **Maria Hügel Kapelle**, die nicht nur schön anzuschauen ist, sondern eine herrliche Aussicht übers Rheintal und zum Schwarzwald bietet (Bild vorige Seite).

Wer mit dem Fahrrad da ist, kann weiter bis Weil strampeln oder sich das **Landhaus Ettenbühl** als Radtourenziel aussuchen.

Wenn Sie mit dem Wohnmobil dorthin fahren möchten, folgen Sie uns auf der B3 noch ein Stück in südlicher Richtung. Mit dem **Landhaus Ettenbühl** bei **Hertingen** wartet einer der Höhepunkte unserer Reise durchs Markgräflerland auf Sie.

P HERTINGEN - LANDHAUS ETTENBÜHL

Stellplatzart: .... Parkplatz
GPS: N47 43 05.8 E7 35 02.8
Adresse: .... 79415 Bad Bellingen-Hertingen, Hof Ettenbühl
Tel.: .... +49(0)7635/82 79 70
mailto: .... info@landhaus-ettenbuehl.de
Homepage: .... www.landhaus-ettenbuehl.de
Zufahrtinfo: Von Schliengen aus folgen Sie der B3 in südlicher Richtung, am Weingut Zimmermann vorbei bis zur großen Kreuzung, an der Hertingen und das Landhaus Ettenbühl ausgeschildert sind. Im Ort rechts ab der Ausschilderung folgen. An besucherstarken Tagen (Wochenende etc.) rechtzeitig hier sein - der Parkplatz ist dann recht knapp bemessen.
Kurzbeschreibung: Ebener Schotterparkplatz direkt beim Eingang zum Hofgut, das wir der Einfachheit und vor allem der touristischen Bedeutung halber in einem Infokasten näher beschreiben. Auf vorherige Anfrage gewährt man auf typisch englische (freundliche) Art seinen Gästen gerne auch im Wohnmobil eine Übernachtung auf dem Parkplatz, wie uns versichert wurde, besonders natürlich nach dem Restaurantbesuch, damit Sie die Fahrtüchtigkeit wieder erlangen können.

ROUTE 3

DAS LANDHAUS ETTENBÜHL

Nicht umsonst wirbt die Broschüre des Landhauses mit dem Slogan „Das Paradies für Gartenfreunde". Und das sollten Sie genau so verstehen, wie es hier steht! Dass ein Paradies ein paar Euro Eintritt kostet - saisonal gestaffelt zwischen € 8,50 (Sommer) und € 4,00 (Winter) - sei den Besitzern gerne verziehen. Der Englische Garten lohnt sich nämlich zu jeder Jahreszeit für Ihren Besuch. Er wurde vor mehr als 35 Jahren angelegt und stets mit viel Aufwand gehegt und gepflegt, bis er uns nun in der Tat gedanklich nach England versetzt. Auf mehr als 6 ha Fläche finden Sie zum Beispiel eine Fliederwiese, Rosengärten, Wassergärten, Pfingstrosengarten, Lavendelgarten und vieles mehr. Das Labyrinth auf mehr als 2000 m² ist für die ganze Familie ein Heidenspaß.

Das Team der Gärtner unter Leitung des Obergärtners James Foggin hat hier wahrlich gute Arbeit geleistet. Er und andere Spezialisten bieten Kurse an, damit auch Sie zu Hause Ihr kleines grünes oder blühendes Paradies schaffen können.

Und bevor wir es vergessen: Ihr bellender Vierbeiner darf nicht mit in die Gärten, wohl aber ins Restaurant (sofern er sich benehmen kann, wie im Prospekt steht...). Sofern Frauchen und Herrchen es wünschen, bietet man an der Rezeption die liebevolle Aufsicht über Ihren Hund an.

Zum guten Schluss erwartet Sie ein schönes Restaurant im typisch englischen Stil, in dem eine feine saisonale Küche gepflegt wird. Wir genießen hier sehr gerne - typically English - English Cream Tea.

Natürlich finden Sie auch ein Geschäft mit vielfältigem Angebot an Dingen, die man gerne hat oder den Lieben daheim mitbringt. Dass hier mit viel Liebe eine Rosenzucht betrieben wird, dürfte uns Gästen mit Wohnmobilen weniger hilfreich sein. Wo sollten Sie die Rosenstöcke während der Reise auch verstauen? Es könnte eine pieksende Fahrt werden.

Nun geht unsere Fahrt auf der B3 zurück nach **Schliengen**. Wenn der Ausflug ins Eggener Tal zuvor ins (Regen-)Wasser gefallen sein sollte, können Sie diesen von hier aus nachholen. Wenn nicht, dann folgen Sie uns auf den letzten Abschnitt unserer Reise durch den ehemaligen Kreis Müllheim.

Am Rhein entlang nordwärts

Der letzte Teil der Reise durchs Markgräflerland führt uns nun dem Rhein entlang nach Norden. Es gibt hier allerdings zu viele schöne Ecken, um einfach der B3 zu folgen. Vielmehr kreuzen wir im Zick-Zack durch den Teil des Markgräflerlandes, der überwiegend in der Oberrheinebene liegt. Das Landschaftsbild wird vom Getreide- und Gemüseanbau beherrscht. Wir finden schöne Streuobstwiesen und Obstplantagen. Da und dort fahren wir auch in die Weinberge - es bleibt also abwechslungsreich!

Für die Fahrt von Schliengen nach Müllheim haben wir zwei Varianten für Sie, die sich aber in Müllheim auch gut miteinander verknüpfen lassen. Wer den kürzeren Weg bevorzugt, fährt auf der B3 in den ältesten Markgräfler **Weinort Auggen**, der schon direkt vor den Toren der Stadt Müllheim liegt. Dessen wohl bekannteste Weinlage heißt Auggener Schäf, was in großen Lettern an den Rebterrassen zu lesen ist. Diese Weine baut die Winzergenossenschaft (zu finden am nördlichen Ortsausgang rechts) aus und vertreibt sie weit über die Grenzen der Region hinaus. Dass der Obstbau hier von großer Bedeutung ist, erkennen Sie an der großen Obstsaftkelterei im Industriegebiet. Wie so oft im Markgräflerland findet sich auch in Auggen ein Winzer- und Obsthof, der seinen vorhandenen Platz gerne für Wohnmobile bereitstellt.

ROUTE 4

AUGGEN - OBSTHOF RÜDLIN

Stellplatzart: Hofladen und Straußwirtschaft
GPS: N47 47 49.4 E7 35 51.8
Adresse: 79424 Auggen, Kleinfeldele 2
Tel.: +49(0)7631/68 07
mailto: guenter.ruedlin@t-online.de
Homepage: www.wein-und-obsthof-ruedlin.de
Zufahrtinfo: Von der B3 in Höhe der Winzergenossenschaft am nördlichen Ortsausgang abbiegen, nächste Straße links ab bis zum Obsthof.
Kurzbeschreibung: Ruhig zwischen Wiesen, Feldern und Obstplantagen gelegener Aussiedlerhof mit gut sortiertem Hofladen (Öffnungszeiten: Mo-Fr 9-13 h und 15-18 h, Sa 8-13 h, So 10-12 h, in der Spargelzeit 10-19 h). Hauptanteil der Obstproduktion sind Kirschen, Zwetschgen, Mirabellen und Mostäpfel sowie Weinbau und -verkauf.
Nebenan befindet sich die Straußwirtschaft mit schönem Außenbereich (offen zur Spargelzeit Mai-Juli und Sept./Okt. Mo-Fr ab 16 h, So/Feiertag ab 12 h (Sa Ruhetag). Bild siehe nächste Seite oben links.

Rebwanderung von Auggen aus

Wir starten beim Obsthof Rüdlin in nördlicher Richtung und gelangen zur Straße, die rechts ab nach Hach führt. Der Weiler mit langer Geschichte gehört zu Auggen. Sehenswert ist unter anderem das alte „Feuerwehrhaus" in der Dorfmitte (Bild unten), bei dem wir rechts ab gehen. Beachten Sie die Anekdote aus der Dorfchronik, wonach der Pfarrer keine Kanzel zur Verfügung hatte und deshalb auf ein Holzfass kletterte, um seine Schäfchen besser zu sehen. Er redete den Leuten der Sünden wegen ins Gewissen und sprach nun den Satz: „Über ein Kleines und Ihr werdet mich nicht mehr sehen" - schon brach der Fassdeckel unter seinen Füßen ein... Wir folgen dem Weinlehrpfad bis zur Höhe der Auggener Kirche und steigen dort ins Dorf ab, um durch die Dorfstraßen zurück zum Ausgangspunkt zu gehen (ca. 1 Std.).

Haben Sie sich für die weitere Variante über Neuenburg entschieden, dann folgen Sie uns nach **Steinenstadt**. Nicht der Ort ist unser Ziel, sondern der Campingplatz Dreiländereck. Er richtet sich an diejenigen, die gerne ihre Kleider im Schrank lassen, denn es ist ein **Campingplatz für Naturisten**. Da dies nicht Jedermanns Sache ist, steht ein Spaziergang oder eine Radtour durch den Auwald des Rheins zur Auswahl. Schön wäre vielleicht auch ein Besuch im **Thermal-Sportbad Steinenstadt**, wo Sie Ihr Reisemobil parken und das Bad genießen. Der Baggersee beim Campingplatz ist allerdings nicht für einen Badetag geeignet, zumal das Baden streng verboten ist - offiziell zumindest, was einen wundert, wenn man sieht, wie viele Leute es dennoch tun...

STEINENSTADT - DREILÄNDERECK FERIENPARK DER NATURISTEN

Stellplatzart: .... Campingplatz für Naturisten
GPS: N47 45 36.4 E7 32 51.9
Adresse: .... 79395 Neuenburg-Steinenstadt, Baslerköpfle 151
Tel.: .... +49(0)7635/95 76
mailto: .... info@dle-naturisten.de
Homepage: .... www.dle-naturisten.de
Zufahrtinfo: Auf der Umgehungsstraße von Steinenstadt fahren, dann der Ausschilderung Campingplatz (Naturisten) folgen. (Der zweite Campingplatz Vogesenblick ist nicht für Wohnmobile ausgestattet).
Kurzbeschreibung: Großzügige Anlage des Platzes mit Naturbadesee mit sehr guter Wasserqualität, Schwimmer- und Nichtschwimmerbereiche. Für Kinder zahlreiche Spielgeräte und -plätze. Camperstellplätze durchweg mit Strom- und Wasseranschluss. Bistro mit Terrasse, Bio-Naturkostladen, WLAN gegen Gebühr.

STEINENSTADT - THERMAL-SPORTBAD

Stellplatzart: .... Parkplatz
GPS: N47 45 38.2 E7 33 30.5
Adresse: .... 79395 Neuenburg-Steinenstadt, Badstraße 2
Tel.: .... +49(0)7635/82 46 13
mailto: .... touristik@neuenburg.de
Homepage: .... www.neuenburg.de
Zufahrtinfo: Auf der Umgehungsstraße von Steinenstadt fahren, zunächst der Ausschilderung Campingplatz (Naturisten) folgen. Die Zufahrt zum Schwimmbad ist dann nach links ausgeschildert.
Kurzbeschreibung: Parkplatz beim Freibad, Parkbuchten teils auch für Wohnmobile geeignet (nicht längs parken!). Freibad mit schöner Liegewiese und altem Baumbestand, Kinderschwimmbecken, Beach-Volleyball, Rutsche, Kiosk. Eintritt.

Auch in Steinenstadt bietet sich darüber hinaus die Gelegenheit zum Rhein zu gelangen, um dort auf dem **Rheindamm** zu radeln oder spazieren zu gehen. Wer ein Sportboot zu Wasser lassen möchte, folgt diesem Tipp ebenso, denn wir finden auch eine Boots-Slipanlage. Wenn Ihnen solch ein Parkplatz darüber hinaus zusagt, um einen naturnahen Übernachtungsplatz zu finden, sind Sie auch gleich richtig, um später nach Neuenburg zu starten.

Neuenburg am Rhein hat leider nicht nur, aber ganz besonders im II. Weltkrieg arg gelitten. Gegründet wurde die Stadt im 12. Jh. durch die Zähringer. Noch heute zeigt die Stadt den typischen Grundriss der Zähringerstädte. Schon im 16. Jh. war Neuenburg von einer Hochwasserkatastrophe fast vollständig zerstört worden. Bombardierungen und Artilleriebeschuss im II. Weltkrieg ließen dann nicht viel alte Bausubstanz übrig.

Doch ist es gelungen, die Innenstadt der ehemals freien Reichsstadt ansprechend wieder herzustellen. Sehr schön sind zahlreiche Brunnen und - nach Freiburger Vorbild - einige Bächle im Bereich der Fußgängerzone. Zum Parken wählen wir den **Parkplatz Stadthaus** (**GPS** N47 48 56.5 E7 33 51.2, Tennenbacher Straße 5 - eigentlich PKW-Parkplatz, für größere Fahrzeuge > 6m Länge kaum geeignet). So sind wir in wenigen Minuten mitten im Städtchen und können das rege Treiben auf dem Rathausplatz bei einem Kaffee genießen.

Sie sind mit Kindern unterwegs? Dann haben Sie die Gelegenheit den Indoor-Kinderspielplatz **Nepomuk´s Kinderwelt**, beim Rheinwaldstadion aufzusuchen. Während die Kleinen das vielfältige Unterhaltungs- und Spielprogramm nutzen, können die Großen (natürlich auch die Kleinen) sich im Restaurant stärken. Eigene Speisen dürfen leider nicht mitgebracht werden. Als Eintritt sind ein paar Euro fällig. Es gibt aber Familien-, Gruppen- und Feierabendtarife. Wer mit dem Wohnmobil über Nacht bleiben möchte, muss sich allerdings eine Alternative suchen. Der Parkplatz wird nachts geschlossen. Parkmöglichkeiten gibt es am Rheinwaldstadion. Zudem haben wir auch einen auf den ersten Blick vielleicht nicht allzu schönen, aber doch einen zweckmäßigen Platz am Rhein für Sie gesucht, der Ihnen zusagen könnte, besonders wenn Sie dort radeln oder spazieren gehen möchten. Wer dagegen etwas länger verweilt oder ohnehin einen komfortablen Campingplatz bevorzugt, wird in Neuenburg, ein Stück außerhalb der Stadt, fündig.

NEUENBURG - RHEINHAFENSTRASSE

Stellplatzart: .... Parkplatz
GPS: N47 49 14.7 E7 33 03.0
Adresse: .... D-79395 Neuenburg, Rheinhafenstraße
Zufahrtinfo: Überqueren Sie in Höhe der Autobahnanschlussstelle die B378 und fahren auf die Westtangente, von der das Rheinwaldstadion später ausgeschildert ist . Zufahrt zum Rhein ziemlich schmal (max. 5,5t).
Kurzbeschreibung: Mit Betonplatten belegter Parkplatz am Rhein (Rheinzugang mit Warnung vor Hochwassergefahr!). Zugang zum Fernradweg entlang des Rheins.

NEUENBURG - CAMPINGPLATZ GUGEL

Stellplatzart: .... Campingplatz
GPS: N47 47 49.7 E7 33 01.5
Adresse: .... 79395 Neuenburg, Oberer Wald 3
Tel.: .... +49(0)7631/68 07
mailto: .... info@camping-gugel.de
Homepage: .... www.camping-gugel.de
Zufahrtinfo: Von Steinenstadt kommend die Umgehung Neuenburg Richtung Autobahn nehmen, dort links ab ausgeschildert.
Kurzbeschreibung: Komfortabler, großer Campingplatz mit Restaurant, Laden, Sportmöglichkeiten u. v. m. Der Platz bietet jedoch keine speziell auf Wohnmobil ausgerichteten, günstigeren Stellplätze für Kurzaufenthalte an. Deshalb besonders geeignet, wenn Sie länger verweilen möchten.

Bevor wir Neuenburg verlassen, nehmen wir auf dem Weg nach Müllheim den Neuenburger Stadtteil **Zienken** mit. Hier gibt es einen weiteren guten Hofladen und einen **Baggersee**, der allerdings offiziell wiederum **nicht** fürs Baden zugelassen ist. Wer es dennoch tut, badet ausdrücklich auf eigene Gefahr, trifft aber zahlreiche Gleichgesinnte aus der Umgebung.

ZIENKEN - SCHMIDT´S BAUERNLADEN

Stellplatzart: ....Hofladen
GPS: N47 50 26.8 E7 34 47.1
Adresse: .... 79395 Neuenburg-Zienken, Hügelheimer Straße 22
Tel.: .... +49(0)7631/7 24 26

Zufahrtinfo: In der Ortsdurchfahrt in die Hügelheimer Straße abbiegen, beim auffälligen, hellblauen Rathaus links vorbei, etwas später der Hofladen rechts.
Kurzbeschreibung: Unbefestigte Parkmöglichkeit beim Hofgebäude. Hofladen mit eigenen Fleisch- und Wurstwaren, Bauernbrot/Kuchen, Honig, Marmeladen, Käse etc. (offen Mo/Do/Fr 14-19 h). Man bietet die Gelegenheit, Stallungen und Hofgebäude auf Anfrage zu besichtigen. Kunden dürfen auf Nachfrage im Wohnmobil auf dem Hof stehen. Doch steht leider nicht viel Platz zur Verfügung. Mehr Parkraum gibt es in beim Sportplatz/Feuerwehrhaus wenige Gehminuten entfernt (**Parkplatz Sportplatz** Richtung Hügelheim, **GPS** N47 50 26.4 E7 34 57.9).

Wenn Sie zum Rhein oder zum Baggersee möchten, empfehlen wir **am Sportplatz** zu parken. In Baggerseenähe stehende Wagen werden **konsequent abgeschleppt**, da die Landwirte mit ihren Landmaschinen parkender Autos wegen oft nicht zu ihren Feldern gelangen. Ein Spaziergang kann ja auch nicht schaden. Gehen (oder radeln) Sie über die Ortsdurchgangsstraße geradeaus, ein Stück hinab und dann parallel zur Straße ca. 500 m nach rechts zum **Baggersee**. Ein **Zugang zum Rhein** ist darüber hinaus ausgeschildert (ca. 1,5 km zum Rheinuferweg/Radweg).

Von Zienken aus gelangen Sie über **Hügelheim** nach **Müllheim**, wo sich unsere beiden Routenvarianten wieder treffen. Ein Besuch in der früheren Kreisstadt lohnt sich, auch und besonders für uns Gäste mit Wohnmobilen.

Stellplatz Gasthof Keuz Müllheim

Schwimmbad Müllheim

MÜLLHEIM - NUSSBAUMALLEE

Stellplatzart: .... Öffentlicher Parkplatz
GPS: N47 48 34.8 E7 37 48.9
Adresse: .... 79379 Müllheim, Nussbaumallee
Tel.: .... (Müllheim Touristik) +49(0)7631/80 15 00
mailto: .... info@muellheim-touristik.de
Homepage: .... www.muellheim.de

Zufahrtinfo: Von der B3 her Richtung Müllheim Zentrum/Badenweiler halten, an der Kaserne vorbei zum Kreisverkehr; erste Ausfahrt rechts in die Nussbaumallee. In Höhe der Winzergenossenschaft links der für Wohnmobile ausgeschilderte Parkplatz.

Kurzbeschreibung: Als Wohnmobil-Parkplatz ausgewiesener PKW-Parkplatz (2 autarke Reisemobile). Unserem Empfinden nach bedingt geeignet, da Parkbuchten <6 m Länge. Dafür kurzer Fußweg in die Altstadt.

MÜLLHEIM - FREIBAD

Stellplatzart: .... Öffentlicher Parkplatz
GPS: N47 48 08.5 E7 38 08.2
Adresse: .... 79379 Müllheim, Ziegleweg
Tel.: .... (Müllheim Touristik) +49(0)7631/80 15 00
mailto: .... info@muellheim-touristik.de
Homepage: .... www.muellheim.de

Zufahrtinfo: Von der Nussbaumallee am Kreisverkehr geradeaus durch die Östliche Allee. Nach etwa 500 m links in die Badstraße und von dort rechts auf den Ziegleweg (Schwimmbad ausgeschildert).

Kurzbeschreibung: Auch dieser Parkplatz wird von der Stadt Müllheim für (autarke) Wohnmobile empfohlen. Hier ist für größere Reisemobile auch ausreichend Platz, allerdings auch hier mit der Bitte an die Chauffeure der „Dickschiffe" verbunden, **NICHT** längs über mehrere Parkbuchten hinweg zu parken. Die Lage zwischen Sportplatz und Schwimmbad verspricht zwar keine absolute Ruhe. Aber das Freizeitangebot ist attraktiv, auch wenn man das direkt benachbarte Schwimmbad nicht immer für sich alleine hat, wie der Junge auf der Rutsche im Bild auf der vorigen Seite. Zwar ist der Fußweg von hier in die Innenstadt etwas weiter, doch entschädigt uns die attraktive Lage am Ortsrand dafür.

MÜLLHEIM - GASTHOF KREUZ

Stellplatzart: .... Gaststätte
GPS: N47 48 34.3 E7 36 28.1
Adresse: .... 79379 Müllheim, Bundesstraße 7
Tel.: .... +49(0)7631/74 82 79-0
mailto: .... info@kreuz-restaurant.de
Homepage: .... www.kreuz-restaurant.de

Zufahrtinfo: An der B3 (Ortsdurchfahrt) schräg gegenüber der Winzergenossenschaft und dem Kräuterhof rechts ab für Wohnmobile ausgeschildert.

Kurzbeschreibung: Großer Parkplatz hinter der historischen Gaststätte (früher Poststation). Vielseitiges Angebot an Speisen und Getränken, hauptsächlich badische Küche mit mediterranen „Anleihen". Stromanschluss auf Anfrage möglich. Ohnehin bittet man bei längerem Verweilen (vor allem über Nacht) vorher nachzufragen.

Zwar wird in Müllheim kein voll ausgestatteter Wohnmobil-Stellplatz angeboten, doch heißt die Stadt mit den angegebenen Parkplätzen Wohnmobile herzlich willkommen. Die drei Plätze im Hauptort schicken wir dem Besuch voraus. Wie schon in den Stellplatztipps erwähnt, sollten Sie sich mit einem größeren Reisemobil die Mühe machen zum **Schwimmbad** zu fahren, da Sie beim Ein- und Ausparken an der Nussbaumallee (trotz Ausschilderung für Wohnmobile) nicht viel Spaß haben werden. Weitere Alternativen bieten die Stadtteile Britzingen und Hügelheim.

Müllheim wurde von Johann Peter Hebel, dem bedeutendsten Dichter der Region, einst als „Paradieslein und Mustergärtlein" betitelt. Viele historische Gebäude haben die Kriegswirren schadlos überstanden, obwohl Müllheim damals, wie heute, eine bedeutende Garnisonsstadt war und ist. Heute ist hier der Sitz der Deutsch-Französischen Garnison. Nehmen Sie sich die Zeit für einen Bummel durch die Altstadt, die eine schöne Mischung aus kleinstädtischer Betriebsamkeit und südländischer Gelassenheit bietet. Dem entspricht auch das vielseitige gastronomische Angebot, bei dem jeder eine gute Adresse finden dürfte, um die badische Gastlichkeit und Küche zu genießen.

Sehenswertes in Müllheim

Wenn Sie von der B3 ins Städtchen fahren, können Sie bei der Kaserne einen Halt einlegen, um einen Blick auf den **jüdischen Friedhof** zu werfen. In der Innenstadt nehmen wir uns die Zeit und holen uns bei der Müllheim Touristik die Beschreibung für

ROUTE 4

einen Altstadtrundgang. Wer Lust hat ein eBike zu mieten, ist hier auch gleich richtig - man hat jüngst eine Miet- und Servicestation eingerichtet.

Schwimmfreunde sollten das in schöner Schwarzwaldkulisse gelegene **Familien- und Freizeitbad** mit 50-Meter-Sportbecken und Nichtschwimmerbereich, Sprungturm und Riesenrutsche besuchen (Tel. +49(0)7631/23 34, mailto:schwimmbad@muellheim.de), zumal dies direkt nebenan die Möglichkeit bietet, im Wohnmobil zu nächtigen.

RUNDGANG DURCH DIE MÜLLHEIMER ALTSTADT

„Müllheim à la carte - ein 1-stündiges Menü" nennen die Müllheimer Stadtführer ihren Rundgang für die Gäste, die nicht an der offiziellen Stadtführung teilnehmen möchten. Ein Lob für diese Mühe. Das Infoblatt gibt uns die nötige Orientierung und viel Hintergrundinformation.

Der Rundgang startet bei der Tourist-Information auf dem Markgräfler Platz, um den sich mit der **St. Martins Kirche**, dem **Alten Rathaus** und dem **Amtshaus** besonders schöne historische Gebäude scharen. Die Martinskirche wurde auf den Fundamenten einer römischen Villa erbaut.

Am Klemmbach findet sich das über den Bach hinweg gebaute frühere Schlachthaus. So konnte man die Schlachtabfälle bequem durch eine Klappe im Boden in den Bach entsorgen - na Mahlzeit! Manchmal ist es doch schön, dass wir heute strengere Regeln haben....

Am Marktplatz befinden wir uns auf besonders historischem Terrain: Vom Balkon des heutigen Hotels Stadthaus nämlich wurde im Zuge der Badischen Revolution 1848 die Demokratie ausgerufen. Wenn auch die Revolutionäre um Gustav Struve zunächst nicht von dauerhaftem Erfolg gekrönt wurden, wurde hier doch ein maßgeblicher Schritt zur heute geschätzten freiheitlichen Demokratie gemacht.

Am anderen Ende des Platzes sollten Sie sich unbedingt Zeit für einen Besuch des **Markgräfler Museums** im **Blankenhorn Palais** nehmen (offen Di-So 14-18 h, www.markgraefler-museum.de). Es hat mehrere höchst interessante Themenkomplexe zu bieten und ist in den letzten Jahren zu einem alle Generationen ansprechenden, offenen Museum „zum Anfassen" und „Begreifen" im wörtlichen Sinne geworden. Achten Sie auf architektonische Besonderheiten wie die immer enger werdenden Fensterabstände im Tanzsaal. So wurde eine optische Täuschung erreicht und der Saal erschien den Gästen viel länger, als er ist. Wenn Sie sich eingehender mit der Kunst und Kultur, Geologie, Archäologie

oder der Geschichte dieser bevorzugten Ecke Deutschlands, die aus den Herrschaften Badenweiler, Rötteln und Sausenburg hervorgegangen war, befassen möchten, dann ist das Museum ein Muss! Sonderausstellungen runden das Museumsangebot abwechslungsreich ab.

An dieser Stelle sei erwähnt, dass die etwas außerhalb der Innenstadt jenseits der Östlichen Allee (Gerbergasse 74, offen Apr-Okt am 1. und 3. Sonntag im Monat von 15-17 h) gelegene **Frick-Mühle** zum Markgräfler Museum gehört. Hier widmet man sich - unschwer zu erraten - dem lange und umfassend gepflegten Müllerhandwerk.

Geht man durch den Hof zum St. Elisabethen-Heim (Pflege- und Seniorenheim) und durch das Gebäude hindurch, gelangt man in den schönen Garten im englischen Stil und von dort in den Blankenhorn Park, um sich durch die Fußgängerzone wieder Richtung Ausgangspunkt zu bewegen.

Wandern und Rad fahren in Müllheim

Sie können einen Abschnitt auf dem „Wiiwegli" (Weinweg) durch die Rebberge nach Schliengen wandern oder radeln. Für die Wanderer geht es von dort mit öffentlichen Verkehrsmitteln zurück. Die Radler finden ein schönes Radwegenetz mit guter Ausschilderung. Eine schöne Sache ist diese Route deshalb auch mit dem Tourenrad/Mountain Bike/eBike (ca. 11 km/2,5 Std. Gehzeit).

Auch von hier aus kann man eine Wanderung zur Burg Neuenfels oberhalb von Britzingen und Badenweiler unternehmen.

Eine gemütliche und kinder(wagen)freundliche Rundtour führt um Müllheim herum zunächst nordwärts, an Zunzingen vorbei und zurück nach Müllheim. (ca. 8 km/2,5 Std.).

Nordic Walking

Müllheim mit seinen Stadtteilen und der südliche Nachbarort **Auggen** bieten gemeinsam ein Nordic Walking Routennetz an **(Nordic Walking-Park Markgräflerland)**. Die seit 2010 eingerichteten und markierten Wege bestehen aus 10 Einzelstrecken mit rund 70 km Länge, die gut ausgeschildert wurden.

Wenige Kilomenter nördlich erwartet uns **Hügelheim** mit gleich drei Stellplatzalternativen. Das Angebot nehmen wir gerne an, schließlich wird uns ein bunter Strauß an Attraktionen geboten. Hügelheim ist ein nettes Winzerdorf, durch das man sehr schön spazieren kann. Für die Gäste wurden Informationstafeln zu interessanten Häusern angebracht. Außerdem lässt es sich von Hügelheim aus prima radeln, z. B. über die Zienkener Straße zum zuvor beschriebenen Baggersee oder zum Rhein.

P MÜLLHEIM - HÜGELHEIM FRIEDHOF

Stellplatzart: .... Öffentlicher Parkplatz
GPS: N47 49 58.2 E7 37 23.7
Adresse: .... 79379 Müllheim-Hügelheim, Am Engelberg 5
Tel.: .... (Müllheim Touristik) +49(0)7631/80 15 00
mailto: .... info@muellheim-touristik.de
Homepage: .... www.muellheim-touristik.de
Zufahrtinfo: An der Ortsdurchfahrt schräg gegenüber der Winzergenossenschaft und dem Kräuterhof rechts ab für Wohnmobile ausgeschildert.
Kurzbeschreibung: Asphaltierter Parkplatz beim Friedhof am Ortsrand für bis zu 2 autarke Wohnmobile; Wasserhahn am Friedhof (Durchgang vom Parkplatz aus, Kanister nötig, Mülleimer).

MÜLLHEIM - HÜGELHEIM MARKGRÄFLER KRÄUTERHOF

Stellplatzart: .... Naturkostladen, Restaurant
GPS: N47 49 55.0 E7 37 13.8
Adresse: .... 79379 Müllheim-Hügelheim, Im Käppeleacker 3
Tel.: .... +49(0)7631/93 62 7-12
mailto: .... info@markgraefler-kraeuterhof.de
Homepage: .... www.markgraefler-kraeuterhof.de
Zufahrtinfo: An der B3 vor Ortsausfahrt links abbiegen, um den Gebäudekomplex herum bis auf den geräumigen Parkplatz des Kräuterhofs.
Kurzbeschreibung: Parkplatz beim Kräuterhof am Ortsrand. Stromanschluss für 2 Wohnmobile direkt vor dem Eingang auf Anfrage möglich.

Der Kräuterhof bietet ein großes Angebot von Kräutern, Tees, Gewürzen, Naturkosmetik etc. Er öffnet Mo-Fr 10-18.30 h , Sa 10-14 h.

Die Kräuterstube öffnet täglich ab 10 h. Es wird „Kräutergastronomie" geboten. Die Betonung der Küche liegt auf frischen regionalen Zutaten, die mit Kräutern und Gewürzen abgeschmeckt werden. Zugang behindertengerecht (Lift in die Kräuterstube).

Die **Winzergenossenschaft Hügelheim** bietet auf dem Parkplatz im Hof ebenfalls die Möglichkeit, nach der Weinprobe die Fahrtüchtigkeit wieder herzustellen (**GPS** N47 49 46.0 E7 37 13.8, Basler Straße 12, 79379 Müllheim, Tel. +49(0)7631/40 20, www.huegelheimer-wein.de, info@huegelheimer-wein.de). Öffnungszeiten: Mo-Fr 8-12.30 u. 13.30-18 h, Sa 9-13 h. Allerdings empfinden wir den Parkplatz angesichts der direkten Nähe zur Bundesstraße als nicht so gut für die Übernachtung geeignet, es sei denn, man hat sich genug Bettschwere erworben...

Wenige Kilometer nördlich, in **Buggingen**, ist die Abraumhalde „Monte Kalino" ein weithin sichtbarer Beleg für den bis in die 70er Jahre aktiven Bergbau. Das Kali-Museum und der Name des Ortsteils **Kali-Siedlung** zeugen noch deutlich vom Bergbau

KALI-BERGBAU UND KALI-MUSEUM BUGGINGEN

Der Kalibergbau am Oberrhein startete nach der Jahrhundertwende vom 19. ins 20. Jh. im Elsass. Nach erfolgreichen Probebohrungen stieß man 1912 auch in Buggingen auf abbauwürdige Kalivorkommen. Der Abbau erfolgte in drei Schätzen (Baden, Markgräfler und Heitersheim) bis in eine Tiefe von 1.100 Metern mit bis zu 1.200 Beschäftigten. Mehr als 17 Mio Tonnen Rohsalz wurden gefördert und zu Dünger verarbeitet. Einen rabenschwarzen Tag erlebte das Bergwerk am 7.5.1934, als ein schweres Grubenunglück, das durch Grubenbrand verursacht wurde, das Leben von 86 Bergleuten forderte. Die Schließung erfolgte Ende April 1973 durch die Kali & Salz AG. Die Schächte wurden verfüllt und die Werksanlagen beseitigt.

Der Bergmannsverein Buggingen hält mit dem Kalimuseum die Erinnerung an den Bergbau wach. Beim Sportplatz wurde, ein verfallener Stollen erworben, der zwischenzeitlich als Eiskeller einer Brauerei und als Luftschutzraum gedient hatte. Er wurde zum Besucherstollen umgerüstet. 2009 konnte das Museumsgebäude eingeweiht werden. In ehrenamtlicher Tätigkeit hatten ehemalige Bergbauarbeiter den 150 m in den Berg führenden Stollen gesichert und mit originalen Geräten und Maschinen ausgestattet. In Vitrinen und auf Infotafeln wird vieles über den Bergbau vermittelt sowie mit Originalaufnahmen und in einem interessanten Video dokumentiert. Öffnungszeiten: Sonntags 15-17 h und nach Vereinbarung. Eintritt frei, jedoch bittet man um eine angemessene Spende zur Erhaltung des Museums.

ROUTE 4

BUGGINGEN - SPORTPLATZ/KALI-MUSEUM

Stellplatzart: .... Parkplatz
GPS: N47 50 45.1 E7 38 03.5
Adresse: .... 79246 Buggingen, Am Sportplatz 6a
Tel.: .... (Bürgermeisteramt Buggingen) +49(0)7631/18 03-20
mailto: .... gemeinde@buggingen.de
Homepage: .... www.buggingen.de
Zufahrtinfo: Von Hügelheim auf der B3 nach Buggingen, der Ausschilderung Kali-Museum folgen (an einer markanten Linkskurve rechts ab) bis zum Parkplatz am Sportplatz.
Kurzbeschreibung: Geschotterter Parkplatz in Sichtweite des Museums ohne weitere Ausstattung.

Langsam, aber sicher, neigt sich unsere Rundfahrt nun dem Ende entgegen. Doch haben wir uns selbstverständlich einen der Höhepunkte (fast) bis zum Schluss aufbehalten. Zunächst gelangen wir auf der Fahrt in den Winzerort **Seefelden**, in dem wir zwei Straußwirtschaften gefunden haben, die sich gerne auf Wohnmobile eingestellt haben.

Arnos Straußi liegt von einem Neubaugebiet umgeben im Ort und bietet deshalb eher wenig Platz für Wohnmobile. Sie hat aber noch den ursprünglichen Charakter einer Strauße erhalten. Viel einfacher hatte es deshalb die Familie Gunzenhauser auf ihrem Winzerhof, den wir am nördlichen Ortsrand finden. Dort wurde eine sehr ansprechende Erlebnisgastronomie geschaffen, bei der sich alles um den Wein sowie um die badische Küche und Gastlichkeit dreht.

SEEFELDEN - ARNO´S STRAUSSI

Stellplatzart: .... Straußwirtschaft, Weingut
GPS: N47 51 29.5 E7 38 13.5
Adresse: .... 79426 Buggingen-Seefelden, Hanfländerweg 4
Tel.: .... +49(0)7634/27 36
mailto: .... info@arnos-straussi.de
Homepage: .... www.arnos-straussi.de
Zufahrtinfo: Von Buggingen kommend auf der B3 in den Ort und links in den Hanfländer Weg einbiegen.
Kurzbeschreibung: Unbefestigter Parkplatz, bei Bedarf und auf Anfrage auch über Nacht im Wohnmobil gestattet.
Öffnungszeit: März/April und Juli/Aug nur Sa/So ab 17 h, Mai/Juni und Sept.-Nov. auch Mo/Do/Fr ab 17 h. Angeboten werden bodenständige Speisen der Saison, z. B. Winzerhaxe, Flammkuchen, im Herbst Zwiebelkuchen etc.
Weinverkauf sowie Spirituosen/Liköre aus der Hausbrennerei ganzjährig auf Vereinbarung.

SEEFELDEN - GUNZENHAUSERS WEINTREFF

Stellplatzart: .... Weingut, Familien-Restaurant
GPS: N47 51 35.2 E7 38 30.5
Adresse: .... 79426 Seefelden, Weingartenstr. 9
Tel.: .... +49(0)7634 55 19 10
mailto: .... weintreff.gunzenhauser@t-online.de
Homepage: .... www.weintreff-gunzenhauser.de
Zufahrtinfo: Auf der B3 durch den Ort fahren, direkt nach Ortsausgangsschild neue Zufahrt zum großzügigen Parkplatz zwischen Wiesen und Feldern.
Kurzbeschreibung: Schotterparkplatz außerhalb des Ortes, schöner Blick zum Blauen. Sie erleben Markgräfler Gastlichkeit in den Gasträumen und auf der großen Freiterrasse bei badischen Spezialitäten, leichten Sommergerichten, Salatbuffet und sonn- und feiertags bei einem reichhaltigen Frühstücksbuffet. Es wird ein reichhaltiges Unterhaltungsprogramm angeboten, bestehend aus Spielplatz mit Sandkasten, Ponyreiten, Bolzplatz, Billard, Kicker etc. Mehrmals zusätzlich Live-Musikveranstaltungen.
Weinverkauf ganzjährig zu üblichen Geschäftszeiten und auf Anfrage.
Öffnungszeit: Mai-Sept. Mi-Sa ab 17 h und So/Feiertag ab 9.30 h.

ROUTE 4

Bevor wir nach Heitersheim gelangen und dort in die fast 2000-jährige Geschichte blicken, machen wir noch einen Abstecher ins Hinterland nach **Betberg**. Das Dorf verfügt über eine exponiert auf dem Hügel stehende, sehr alte **Kirche**, deren Geschichte bis auf das Jahr 789 zurückgeht. Das Gotteshaus im romanischen Baustil weist am Eingang wertvolle **Fresken** mehrerer biblischer Szenen auf. Vom Kirchberg blickt man weit ins Land - einer unserer letzten Panoramablicke von einem erhöhten Aussichtspunkt. Und wenn es Ihnen so gut gefällt, dass Sie etwas bleiben möchten, um Wein zu kaufen oder in der Straußе einzukehren, sind Sie in Betberg gut aufgehoben.

BETBERG - ECOVIN WEINGUT RIEGER

Stellplatzart: .... Weingut, Straußwirtschaft
GPS: N47 51 07.4 E7 39 44.8
Adresse: .... 79426 Buggingen-Betberg, Noblingstr. 13b
Tel.: .... +49(0)7634/20 13
mailto: .... info@weingutrieger.de
Homepage: .... www.weingutrieger.de
Zufahrtinfo: In Seefelden auf die B3, in der Ortsmitte in die Betberger Straße in östlicher Richtung abbiegen und bis Betberg durch die Weinberge, teils Hohlwege. Bei der Kirche rechts ab in die Noblingstraße. Das Weingut liegt nach 150 m links.

Kurzbeschreibung: Schotterparkplatz beim Winzerhof mit Straußе, die ca. April/Mai und Sept./Okt. Do-Sa ab 17 h öffnet. Zusätzlich gibt es übers Jahr verschiedene Weinevents (Glühweinabende zum Advent etc. - siehe Homepage). Im Weinverkauf erhalten Sie ganzjährig auf Voranmeldung das hochwertige Sortiment aus dem Weinkeller und aus der Hausbrennerei.

ROUTE 4

Sobald die Fahrtüchtigkeit wieder hergestellt ist, starten wir den Motor und steuern das Reisemobil über Seefelden in die **Malterserstadt Heitersheim**. Hier erwartet uns historisch bedeutendes Terrain mit einer mehr als 2000 Jahre belegbaren Geschichte. Weder die alten Römer noch die heutige Stadtverwaltung allerdings hatten für Gäste mit Wohnmobilen vorgesorgt. Jedenfalls gibt es weder einen Wohnmobil-Stellplatz noch einen Campingplatz. Doch wussten wir uns zu helfen und haben auch hier drei Adressen gefunden, bei denen Sie willkommen sind und auf Anfrage nach Einkehr oder Einkauf auch über Nacht und während Ihres Ausflugs parken können.

HEITERSHEIM - SCHNEIDERS STRAUSSE/BIO-WEINGUT

Stellplatzart: .... Weingut, Straußwirtschaft
GPS: N47 52 27.7 E7 40 18.2
Adresse: .... 79423 Heitersheim, Kolpingstraße 7
Tel.: .... +49(0)7634/28 36
mailto: .... weingut-schneider-heitersheim@t-online.de
Homepage: .... www.weingut-schneider-heitersheim.de
Zufahrtinfo: Auf der B3 zum 3. Kreisverkehr, erste Ausfahrt und 1,2 km auf der Johanniterstraße fahren. Dann links in die Kolpingstraße und knapp 500 m zum Weingut.

Kurzbeschreibung: Schotterparkplatz bei einer der ältesten Straußwirtschaften (seit 1984), in der Wert auf die Regionalität gelegt wird. Selbst gebackenes Holzofenbrot, Schwarzwälder Schinken, Ziegenkäse und natürlich eigener Wein überzeugen uns. **Geöffnet** April/Mai, Juli/August und Mitte Sept-Mitte Okt. tgl. ab 17 h offen, sonntags ab 9.30 h mit Frühstücksbuffet (Mi Ruhetag). Reservierung ist möglich. In der stilvollen Vinothek werden auf Vereinbarung Weinproben angeboten.

HEITERSHEIM - WEINGUT JULIUS ZOTZ

Stellplatzart: .... Weingut
GPS: N47 52 17.4 E7 40 21.4
Adresse: .... 79423 Heitersheim, Staufener Straße 3
Tel.: .... +49(0)7634/10 59
mailto: .... info@weingut-zotz.de
Homepage: .... www.weingut-zotz.de
Zufahrtinfo: Durch die Johanniterstraße, direkt vor dem Schloss links ab in die Staufener Straße.
Kurzbeschreibung: Gepflasterter Parkplatz vor dem ein wenig an einen römischen Tempel erinnernden Weingut (mit 70 ha Anbaufläche eines der größten Weingüter Deutschlands). Verkauf prämierter Weine, Weinproben auf Anfrage Zusätzlich Winzersekt und Edelbrände. **Öffnungszeiten**: Mo-Fr 8-12.30 u. 13.30-18 h, Sa 9-13 h und nach Vereinbarung.

ROUTE 4

HEITERSHEIM - SULZBACH STRAUSSE/ECOVIN WEINGUT LAMPP

Stellplatzart: .... Weingut, Straußwirtschaft
GPS: N47 52 07.4 E7 40 14.3
Adresse: .... 79423 Heitersheim, Am Sulzbach 114
Tel.: .... +49(0)7634/42 72
mailto: .... info@weingut-lampp.de
Homepage: .... www.weingut-lampp.de
Zufahrtinfo: Wie zuvor in die Johanniterstraße, jedoch gegenüber dem Schloss rechts ab bis zur Einmündung am Sulzbach, dann Hofeinfahrt schräg gegenüber der Einmündung.
Kurzbeschreibung: Gepflasterter Parkplatz in der Hofeinfahrt, leider nicht mit viel Parkplatzkapazität. **Ausweichplatz:** ca. 200 m weiter der Parkplatz am Tenniszentrum. In der Straußwirtschaft saisonale Markgräfler Küche, im Frühjahr Spargel, im Herbst Grillbraten, Schäufele mit Kartoffelsalat etc. Angeboten werden selbstverständlich die hervorragenden, teils preisgekönten Weine mit Ecovin-Siegel. Weinverkauf ganzjährig, Weinproben auf Anfrage.
Geöffnet ist die Strauße von März-Juni und Sept.-Nov. jeweils Mi-Sa 17-24 h und sonn-/feiertags 11-24 h.

Zwei weitere Parkplätze bieten sich als Alternativen an, sollten alle beschriebenen Plätze belegt oder die Straußensaison zu Ende sein.
Heitersheim Malteserhalle: GPS N47 52 29.0 E7 40 02.2 - Jahnstraße 25 (von der Johanniterstraße ein Stück vor der Kirche links ab ausgeschildert - großer, gepflasterter Parkplatz, noch wenig Schatten, da mit jungen Bäumen bepflanzt).
Heitersheim Sportbad/Sportplatz: GPS N47 52 02.4 E7 40 31.4, Johanniterstraße 94 (auf der Johanniterstraße am Schloss vorbei und gegenüber der römischen Villa rechts der Straße/geschotterter Parkplatz mit Schatten spendenden Bäumen). Bei dieser Gelegenheit ist es natürlich angebracht, Ihnen den Besuch im sehr schön angelegten, **solarbeheizten Freibad** zu empfehlen.

Sicher haben Sie bemerkt: Heitersheim widmen wir etwas mehr Aufmerksamkeit als manch anderem Ort. Die Stadt hat eine besondere Ausstrahlung, weshalb wir auch hier intensiv nach Stellplatzmöglichkeiten gesucht haben, um Ansammlungen von Wohnmobilen vermeiden zu helfen. Bei den Stellplatzvorschlägen sollte für jeden Geschmack etwas dabei sein.

Sehenswertes in Heitersheim

Allem voran sind die **römische Villa** und das **Malteserschloss** zu nennen. Alle Stellplatztipps befinden sich in der Nähe, sodass Sie jeweils in wenigen Minuten zu Fuß dort sind. Beiden Attraktionen sollten Sie unbedingt etwas Zeit widmen, zugleich aber die Stadt nicht links liegen lassen. Dort übrigens finden Sie eine Reihe weiterer, sehr guter **Straußwirtschaften** und **Weingüter** mit hervorragenden Weinen. Nur sind diese fürs Parken mit Wohnmobilen nicht so gut geeignet. Auch gute Restaurants mit badischer Küche sind vertreten. Sie werden sicher Ihr bevorzugtes Ziel für die Einkehr oder den Einkauf eines guten Tropfens finden, egal, ob in der Stadt oder an einem unserer Stellplatztipps.

Einen Besuch wert sind die katholische Kirche und manch schönes, historisches Gebäude, beispielsweise das **Rathaus** (mit Tourist-Information, Tel. +49(0)7634/402-12 mailto:tourist-info@heitersheim.de) oder das schräg gegenüber liegende historische **Gasthaus zur Krone**. Auch das **alte Rathaus am Sulzbach** mit Erkern und Spitzgiebeln ist sehenswert. Die zuerst genannten Höhepunkte dürften jedoch auch für Sie an der ersten Stelle stehen.

Einen Stadtplan, in dem die historischen Gebäude, interessante Wegkreuze und die zwei später erwähnten Rundtouren eingezeichnet sind, erhalten Sie bei der Tourist-Information.

VILLA URBANA

1989 entdeckte man auf Luftaufnahmen des „Scherbenackers", wie das Terrain neben dem Schloss genannt wurde, Umrisse der römischen Villa, die um das Jahr 30 n. Chr. datiert. Unter Leitung der Uni Freiburg und mit Sponsorengeldern erfolgten Ausgrabungs- und Sicherungsarbeiten. 2001 konnte das heutige Museum eröffnet werden. Zum Schutz der Anlagen wurden diese mit einer modernen, sehr gelungenen Glas-Stahl-Konstruktion überbaut. Die römischen Säulen, die den Originalen nachempfunden sind, und die Eckgemäuer lassen erahnen, welchen Umfang die Stadtvilla einst hatte.

Die römische Villa beinhaltete Bauteile, die wir uns beim modernen Hausbau noch heute nicht überall (schon gar nicht jeder) leisten können. Dazu gehören Fußbodenheizung, Bäder, farbige Mosaikböden, kunstvolle Wandmalereien und vieles mehr. Eine Wohnfläche von 3000 m² (!) nebst Werkstätten, Gärten und Säulenhalle sowie ein Grundbesitz von um die 2000 ha (!) - all das lässt erahnen, dass es betuchte und einflussreiche Römer gewesen sein müssen, die sich hier niederließen. Einen Eindruck der Gesamtanlage vermittelt das Modell im Museum.

Beachten Sie das weiße Gebäude nahe der Villa. Es beherbergt übrigens ein beliebtes und gutes Café, das von behinderten Menschen liebevoll geführt wird und das wir Ihnen unbedingt empfehlen. Sie werden feststellen, dass das Haus architektonisch gelungen ist und in der Gestaltung durchaus mit moderner Architektur konkurrieren kann. Dass es einem römischen Original nachempfunden wurde, überrascht aber doch. Es war eben schon eine Hochkultur mit beeindruckenden Leistungen vieler Art, welche die Römer nach Mitteleuropa brachten... Der Museumeintritt ist übrigens frei, wobei Spenden willkommen sind.

DAS MALTESERSCHLOSS

Gottfried von Staufen vermachte im Jahr 1271 sein Gut dem damaligen Johanniterorden. Der Einfluss des Klosters und das Wachstum seiner Besitztümer waren der Grund, dass in Heitersheim im 15. Jh. der Sitz des „Großpriors deutscher Zunge" installiert wurde, dessen Einflussbereich der gesamte deutschsprachige Raum war. Kaiser Karl V. erhob den Großprioren gar zum Reichsfürsten. Erst mit Napoleon nahte das Ende des Klosters. Er ließ die Klöster enteignen.

Allerdings ist das Gut auch heute wieder im Besitz eines Ordens, nunmehr der Barmherzigen Schwestern zum hl. Vinzenz von Paul. Ein Teil der Anlage beherbergt eine Werkstätte, ein anderer Teil eine Förderschule für behinderte Kinder.

Nicht zuletzt beherbergen die historischen Mauern das **Museum über die Geschichte des Malteserordens** (erreichbar über den Innenhof). **Öffnung** Mi/So 14-17 h, Eintritt frei, aber auch hier ist eine angemessene Spende sinnvoll.

Feste und Feiern in Heitersheim

Heitersheim ist eine Fasnachtshochburg. Zur fünften Jahreszeit bestimmen Fasnachtsfiguren wie die Strohmänner das Bild, besonders an ihrem wichtigsten Tag, dem Fasnachts-Montag (Fasnet Mendig). Zahlreiche Hocks und Feste folgen übers Jahr, im August die Chilbi und im Dezember der Klausenmarkt, gefolgt vom Weihnachtsmarkt an einem Dezembersonntag im Schlosshof.

An Fronleichnam zieht der Heitersheimer Blumenteppich vom Schloss zum Lindenplatz zahlreiche Gottesdienstbesucher, aber auch Schaulustige an.

Wandern in und um Heitersheim

Die Stadt Heitersheim hat zwei interessante Rundwege angelegt (siehe erwähnter Stadtplan der Tourist-Information).

Der Rundweg 1 mit 4,6 km Länge führt vom Bahnhof unter der B3 durch, weiter über den Ochsenplatz bis zum Lindenplatz. Entlang der Route entdecken Sie die allermeisten der wichtigen, sehenswerten Gebäude und Plätze der Stadt.

Wer eher einen schönen Aussichtspunkt erklimmt (so schwer wird das Erklimmen gar nicht, keine Angst!), der folgt stattdessen der Route 2 (2,3 km Länge). Sie beginnt am Schlossbuck, folgt ein Stück dem Sulzbach flussaufwärts und führt ums Schützenhaus herum. Dann geht es rechts hinauf zum Damm des Regenrückhaltebeckens (Biotop, dahinter Tiergehege) und hinauf zum Wasserturm. Genießen Sie den Rundumblick auf Heitersheim, Staufen und über die Rheinebene bei einem gemütlichen Vesper, bevor Sie durch einen Hohlweg wieder zum Ausgangspunkt gelangen.

Beide Wege können übrigens gut miteinander verknüpft werden.

Rad fahren auf dem Markgräfler Römerweg

Eine sehr schöne Route mit interessanten römischen Kulturdenkmälern führt von Heitersheim über Müllheim nach Badenweiler (oder umgekehrt). Der Weg - leider kein Rundkurs - von 15,5 km Länge streift die beschriebenen Sehenswürdigkeiten aus der Römerzeit.

Mit ein paar Abweichungen von der (ausgeschilderten) Hauptroute können Sie die Kirchen in **Betberg** und **St. Ilgen** sowie die keltischen Gräber in **Dattingen** mitnehmen, bevor Sie nach **Müllheim** und weiter nach **Badenweiler** radeln. Wer konditionell gut drauf ist, nimmt die Passhöhe Schwärze hinüber nach **Britzingen** und kann dort die Kirche besichtigen. Weiter geht es über **Laufen** und **Sulzburg** (St. Cyriak) zum **Castellberg** oberhalb **Ballrechten**, bevor man nach Heitersheim zurückfährt und die Tour so doch noch zur Rundtour umgestalten kann, gespickt mit ein paar kräftigen Anstiegen. (ca. 30 km).

Nun lassen Sie die Rundfahrt durch diese herrliche Region mit uns ausklingen, indem wir gleichsam von allem nochmals etwas mitnehmen, was das Markgräflerland ausmacht. Von den Hügeln um Heitersheim gelangen wir Richtung **Rhein**. An der B3 fahren wir zum südlichsten Kreisverkehr zurück und nehmen dort die Umgehungsstraße (Ausschilderung Autobahn). Doch langsam! Übersehen Sie nicht die Ausschilderung **Grißheim** schräg links ab und folgen Sie uns dorthin. Schließlich möchten wir uns doch anständig von „Vater Rhein" verabschieden.

P GRISSHEIM - RHEINZUGANG

Stellplatzart: Wanderparkplatz
GPS: N47 52 51.1 E7 33 36.0
Adresse: 79395 Grißheim, Zollstraße

Zufahrtinfo: Von Heitersheim kommend Richtung Autobahn halten, dann Richtung Grißheim. Im Ort rechts ab zur Umgehungsstraße, auf diese links ab und später der Ausschilderung Kieswerk/Rhein folgen bis ans Straßenende am Rheindamm.
Kurzbeschreibung: Großer Schotterparkplatz am Rheindamm, beliebtes Ausflugsziel, an Wochenenden oft etwas unruhig. Slipanlage für Sportboote (wiederum mit deutlicher Warnung betreffend wechselnden Wasserstandes).

ROUTE 4

Von hier aus lässt es sich noch einmal entlang des Rheins gemütlich radeln oder wandern. Ähnlich verhält es sich in **Hartheim**, das wir in nördlicher Richtung nach wenigen Minuten erreichen. Wer mag, findet dort einen schönen **Baggersee**, an dem (teilweise) das Baden erlaubt ist (bei sicherlich besserem Wetter, als wir es hatten...). Aber mit dem Parken ist es nicht so einfach. Fahren Sie über die A5 hinweg und nehmen dann die zweite Abzweigung links ab. Parken ist nur am rechten Straßenrand möglich (Fahrtrichtung See) bis kurz vor der Schranke - **GPS** N47 57 11.6 E7 37 36.1. Auf der anderen Seite gilt **absolutes Halteverbot** (Rettungsweg/LKW-Verkehr). Deshalb haben wir in Hartheim einen ruhigeren Platz als Alternative für Sie gesucht und gefunden.

P HARTHEIM - KLEINGARTENANLAGE

Stellplatzart: .... Wanderparkplatz
GPS: N47 55 56.6 E7 37 16.1
Adresse: .... 79258 Hartheim, Am Mühlebach
Zufahrtinfo: In Hartheim Höhe Feuerwehrhaus links abbiegen, nächste wieder links (An der Ries). Nach 200 m rechts hinab (Am Mühlebach).
Kurzbeschreibung: Teils für Kleingärtner reservierte Parkbuchten, teils frei nutzbar am Straßenrand in ruhiger Lage am Ortsrand mit wenig Verkehr, da das Straßenende hinaus auf die Felder folgt.

Proviant für die Heim- oder Weiterreise...

ROUTE 4

Zum Schluss haben wir in **Feldkirch** noch einmal einen besonders großzügigen und gut sortierten Hofladen für Sie gefunden, bei dem Sie allerlei Obst und Gemüse der Saison frisch ab Feld erwerben können, schöne Weine und Spirituosen, Brot, Fleisch, Käse - genau richtig, um für die Heimfahrt die Vorräte mit frischen Markgräfler Produkten zu füllen. Und wenn auch Ihr Magen nach einer Füllung ruft, sind Sie auch gleich richtig hier, denn im **Zeltrestaurant** wird Ihnen diesbezüglich geholfen.

FELDKIRCH - BOHRERHOF

Stellplatzart: .... Hofladen, Gaststätte
GPS: N47 56 16.0 E7 38 38.9
Adresse: .... 79258 Feldkirch, Bachstraße 6
Tel.: .... +49(0)7633/92 33 21 60
mailto: .... bohrer-hof@t-online.de
Homepage: .... www.bohrerhof.de
Zufahrtinfo: Von Hartheim kommend zunächst Richtung Autobahn halten, dann Richtung Bad Krozingen.
Kurzbeschreibung: Schotterparkplatz auf großzügigem Hofgelände mit Hofladen (Obst, Gemüse, Brot, Wurst, Wein, Schnäpse, Liköre etc., täglich offen 8-20 h) und Zeltrestaurant Land Live mit saisonal regionaler Küche (tgl. offen ab 12 h, So/Feiertag ab 11 h).
Sonstiges: Eine grundlegende Umgestaltung des Freigeländes nebst Bau eines Landhotels ist in Vorbereitung. Vorgesehen ist dabei auch die Einrichtung eines Parkplatzes, der für Wohnmobile ausreichend Platz bieten wird.

Die Familie Bohrer bietet mit ihrem Team seit Jahren frische Landprodukte mit hohen Qualitätsansprüchen. Dies wird verbunden mit dem „Erlebnis Landwirtschaft", wodurch der Bohrerhof ein beliebtes Familienausflugsziel wurde.

Nun ist es soweit, scheinen uns die Kürbisfiguren zu sagen. Die Kutsche ist gerichtet, der Kutscher sitzt auf dem Bock. Fehlen nur noch die Pferde.... Jetzt liegt sie also hinter uns, die Rundreise durch das beeindruckende, als Toskana Deutschlands bezeichnete Markgräflerland. Wir hoffen und sind sehr zuversichtlich, dass es Ihnen ebenso gut gefallen hat, wie uns. Wenn ja, dann empfehlen Sie uns und diese herrliche, von der Sonne verwöhnte Gegend gerne weiter. Von Feldkirch aus sind es nur wenige Minuten, bis Sie den Blinker zur Autobahnauffahrt Bad Krozingen setzen können.

Wohin Ihre Reise nun geht, können wir nicht wissen. Vielleicht fahren Sie gar nicht auf die A5, sondern bis Staufen und weiter ins Münstertal, um in den **Naturpark Südschwarzwald** zu gelangen, dem wir in Kürze ein weiteres Buch dieser Reihe widmen.

In der anderen Richtung können Sie sich im wenige Kilometer entfernten **Breisach** in unsere Routenvorschläge durch die **Weinregionen Breisgau und Kaiserstuhl-Tuniberg** einklinken.

Kaiserstuhl.. oder Südschwarzwald?

Fahren Sie wieder mit einem Wohnmobil-Reiseführer der Reihe

MOBIL & AKTIV ERLEBEN

Wir wünschen Ihnen dabei immer eine gute Reise!

Nützliche Infos von A-Z

Lesen Sie die folgenden Infos von A-Z und die einleitenden Hinweise zum Buch bitte aufmerksam. Beherzigen Sie diese im Sinne Ihrer Urlaubsregion, deren Einwohner - und im eigenen Interesse. Schließlich möchten Sie einmal wiederkommen und das Markgräflerland erneut in all seiner Schönheit und Natürlichkeit erleben. Zur Ergänzung dieser Infos verweisen wir auf die Homepages von Markgräflerland-Tourismus (www.markgraefler-land.de) bzw. Schwarzwald-Tourismus (www.schwarzwald-tourismus.info).

Abwasserentsorgung

Ihr Wohnmobil verfügt über einen fest installierten, ausreichend großen Abwassertank im oder am Fahrzeug? Dann ist die wichtigste Voraussetzung für einen verantwortungsvollen Umgang gegeben und Sie können das Abwasser ordnungsgemäß ablassen.

Nicht immer jedoch kann die Ablaufleitung des Abwassertanks exakt über den Gully der Entsorgungsstelle rangiert werden, da viele Entsorgungsstationen gar nicht über einen solchen verfügen. Deshalb sollte zusätzlich ein Schlauch (ca. 1-2 m) an Bord sein, der an den Abwasserstutzen angeschlossen werden kann. So kann das Abwasser in den Ausguss der Entsorgungssäule abgelassen werden. Sie können sich aber auch mit einem Eimer bzw. einem als Abwasserkanister gekennzeichneten Faltkanister behelfen, der ans Abflussrohr angehängt bzw. unter das Fahrzeug gestellt wird.

Bitte sorgen Sie dafür, dass gleich gar keine Irritationen entstehen, indem das Spül- und Duschwasser munter über die Parkfläche oder während der Fahrt auf die Fahrbahn plätschert.

Auf die Toilettenentleerung gehen wir unter dem Stichwort „Toiletten“ ein. An dieser Stelle möchten wir aber schon kurz anmerken, dass sich das Grauwasser gut auch dazu nutzen lässt, an der Entsorgungsstation die Toilettenkassette auszuspülen. Das spart Frischwasser und die gelösten Spülmittel oder Duschgel reinigen die Campingtoilette recht gut.

Ver- und Entsorgungsstationen sind leider (noch) lange nicht so häufig vorhanden, wie in anderen Tourismusregionen. Sie werden mit unseren Hinweisen aber keine Probleme haben, ohne langes Suchen eine Entsorgungsstelle zu finden.

Auto (Wohnmobil) fahren

Da wir uns in Deutschland befinden, dürfen wir davon ausgehen, dass die deutsche Straßenverkehrsordnung bekannt ist, die den europäischen Regeln angeglichen ist. So bleibt uns anzumerken, dass die Tempolimits mit 50 km/h innerorts, 100 km/h außerorts und der Richtgeschwindigkeit von 130 km/h auf Autobahnen festgelegt sind. Dass anders lautende Beschränkungen im Zweifel Vorrang haben, darf als bekannt vorausgesetzt werden.

Wichtig ist in einem Wohnmobilreiseführer anzumerken, dass die Unsitte, mit Wohnmobilen auf Parkplätzen quer zu den vorgesehenen Parkbuchten zu parken, **verboten** ist. Es ist eine Behinderung anderer Verkehrsteilnehmer und kann mit einem Bußgeld geahndet werden.

Davon abgesehen ist es **verboten, auf Parkplätzen Campingverhalten zu zeigen**. Tische und Stühle, Sonnenschirm oder Markise sowie der Campinggrill haben auf Parkplätzen nichts zu suchen. Diese zu nutzen ist nur auf Campingplätzen erlaubt, teilweise auch auf Wohnmobil-Stellplätzen.

Baden und Wassersport

In zahlreichen Ortschaften finden sich Schwimmbäder, zumeist Freibäder, teils Hallenbäder. Besonders hervorzuheben ist hier natürlich, dass das Markgräflerland mehrere Thermal- und Wellness-Tempel bietet (Bad Krozingen, Badenweiler, Bad Bellingen). Dort ist der Eintritt zwar etwas teurer als im „normalen“ Schwimmbad, aber ein Besuch der Thermen ist sicher mehr als nur eine Empfehlung für Schlechtwettertage.

Hinzu kommen - entlang der Autobahn - fürs Baden geeignete Baggerseen. Doch Vorsicht! Vor allem, wenn dort noch gebaggert wird, schließen die Betreiber der Kieswerke jegliche Haftung aus und stellen in der Regel mit einer eindeutigen Beschilderung klar, dass das Baden und der Aufenthalt im Uferbereich nicht nur gefährlich sein kann, sondern auch verboten sei. Beispielsweise in Hartheim wird aber ein Badebereich ausgewiesen. Unbeschwerter und eindeutiger ist es in den zahlreichen schönen Sport- und Freizeitbädern, die wir im Text beschreiben. Dort ist nicht nur das Schwimmen und Baden erlaubt, sondern das geschieht auch unter fachkundiger Anleitung und Aufsicht (Bademeister, DLRG).

Sofern wir zu Seen oder Schwimmbädern gehörende Parkplätze für wohnmobiltauglich halten, beschreiben wir dies in den Routenvorschlägen.

Erfahrungsgemäß wird an diesen Baggerseen zumindest in bestimmten Bereichen „oben ohne“ oder auch FKK erlaubt bzw. eher geduldet. Die Praxis erfordert immer Ihr Fingerspitzengefühl, womit dann auch keine Probleme oder Ärger entstehen sollten. Wer diesbezüglich ganz sicher gehen will, kann den Campingplatz für Naturisten in Steinenstadt aufsuchen.

Am Rhein gibt es an mehreren Stellen Slipanlagen, wo Sie Sportboote zu Wasser lassen können. Deutliche Hinweise weisen dort darauf hin, dass der Aufenthalt im und am Wasser besonders aufgrund der künstlichen Regulierung des Wasserdurchflusses gefährlich sein kann und deshalb auf eigene Gefahr geschieht.

Campingplätze

Das Markgräflerland bietet nicht sehr viele, aber fast durchweg gute und komfortable Campingplätze. Auf den meisten Plätzen finden Sie für Wohnmobile geeignete Stellflächen und Ver-/Entsorgungseinrichtungen, worauf wir in den Tourtexten individuell hinweisen. Bevor Sie sagen, das sei Ihnen zu teuer: Bedenken Sie, dass mit der Kurtaxe häufig die Konus-Karte ausgegeben wird (siehe Stichwort Konus).

Fahrrad fahren

Das Markgräflerland ist vorbildlich mit Radwegen ausgestattet. Dazu zählen nicht nur hervorragende Ausschilderungen der Radwege mit exakten Angaben zu Entfernungen, sondern auch ein dichtes Netz von Fahrradwegen abseits der Straßen. So ist entspanntes Radeln gewährleistet.

Die Ausschilderung erfolgt meist mit einem weißen Schild, das ein grünes Fahrradsymbol sowie Richtungs- und Entfernungsangaben enthält.

Es ist sehr schwer für uns festzulegen, welche Radtouren wir besonders beschreiben, zu vielseitig ist das Angebot!

Wenn Sie keine eigenen Fahrräder mitnehmen, aber doch gerne mal eine Radtour (auch mit einem eBike) unternehmen möchten, befinden Sie sich im Markgräflerland in guten Händen.

Zahlreiche Fahrrad- und eBike-Mietstationen bieten ihre Dienste an (Vermietung von eBikes und Ladestationen). Erkundigen Sie sich bei den örtlichen Tourist-Informationsbüros nach dem aktuellen Stand oder im Internet. In Zusammenarbeit mit dem Naturpark Südschwarzwald wurde ein eBike Netzwerk zusammengestellt und eine Karte herausgegeben, die zahlreiche Tourenvorschläge mit einer Liste der Netzwerkpartner verknüpft. Mehr Informationen erhalten Sie online unter: www.ebike-schwarzwald.de

Feste/Feierlichkeiten

Angesichts der badischen Lebensfreude liegt auf der Hand, dass man in diesem bevorzugten Landstrich die Feste zu feiern versteht, wie sie fallen.

Die Fasnacht, hier oft „Buurefasnet" (Bauernfasnacht) genannt, läuft im Markgräflerland etwas anders ab als in den benachbarten, vorwiegend katholischen Gegenden. Warum?

Im Konzil von Benevent im Jahr 1091 war der Beginn der Fastenzeit durch Papst Urban II. um 6 Tage nach vorne verlegt worden. Die 6 Sonntage in der Fastenzeit wurden vom Fasten ausgenommen und vorne an die 40 Tage angehängt.

Auf dem Land und später in den protestantischen Gegenden wurde diese Verschiebung oft nicht anerkannt. So blieb man beim alten Termin der Fastenzeit, weshalb die Fasnacht hier (übrigens auch im benachbarten Basel und in der Schweiz überhaupt) um die 6 Tage später beginnt. Die Schweizer Fasnacht mit Guggemusik und Cliquen hat, je südlicher man kommt, übrigens einen immer stärkeren Einfluss. Fasnachtsfans können so ihre Fasnachts-Saison um ein paar Tage verlängern. Hochburgen der Markgräfler Fasnacht sind Sulzburg, Heitersheim, Müllheim und Neuenburg.

Geheimtipps sind alte, traditionelle Bräuche, wie beispielsweise der Hisgier in Zunzingen oder Vögisheim. Vielerorts wird auch das Scheibenschlagen gefeiert, ein Brauch, bei dem die Jungen glühende Holzscheiben zu Tal schleudern. Allen diesen Bräuchen gemeinsam ist das Ziel, dem Winter mit mehr oder weniger schaurigen Figuren, Masken und Bräuchen den Garaus zu machen. Dass man vor der Fastenzeit auch nochmal richtig feiern möchte, ist der zweite Grund. Was der wirkliche Hintergrund für die Fasnacht ist, bleibt am Ende auch unerheblich. Hauptsache es macht Spaß!

Ab 6.1. (Dreikönigstag) beginnt in der schwäbisch-alemannischen Fasnacht das närrische Treiben. Meist an den Wochenenden bis zur eigentlichen Fasnacht finden allenthalben Umzüge statt, die mit einem allgemeinen Narrentreiben auf Straßen, in den Lokalen und Hallen beschlossen werden. Die eigentliche Fasnacht startet am „Schmutzige Dunnschdig" (Donnerstag vor Rosenmontag) mit örtlichen Fasnachtsbräuchen. Sie geht am Fasnets-Zischdig (Vorabend des Aschermittwoch) in der Regel mit einer närrisch-traurigen Fasnachtsverbrennung zu Ende. Dann wird meist eine Strohpuppe als Sinnbild für die Fasnacht verbrannt. Übrigens: Närrisch ist, wer sich dann gleich bewusst macht: „S´goht dr´gege" - es geht wieder auf die nächste Fasnacht zu!

Fest im Kalender verankert sind in den Sommermonaten in vielen Winzerorten die örtlichen oder regionalen **Weinfeste**. Für Weinfreunde ist sind die Feste ein Muss. Man trifft sich, tratscht mit Freunden und Fremden am Tisch bei einem gemütlichen Glas Wein. Die größten Weinfeste finden in Freiburg, FR-St. Georgen, Staufen und Müllheim statt. Aber wie gesagt - fast jeder Winzerort feiert sein Weinfest.

Die **Weihnachtsmärkte** beschließen das Jahr. In den kleineren Orten steigt der Weihnachtsmarkt in der Regel an einem Wochenende im Advent. Lediglich in Freiburg findet er über die ganze Adventszeit bis 23.12. auf dem Rathausplatz, in Unterlinden, auf dem Kartoffelmarkt und in der Franziskanergasse statt. Sonntags kommen Stände der karitativen Vereine und Organisationen an der Kaiser-Joseph-Straße hinzu.

Einen ausführlichen Veranstaltungskalender finden Sie im Netz unter http://www.markgraefler-land.com

Freie Übernachtung

Camping außerhalb von Campingplätzen ist in Deutschland (wie in fast allen Ländern Europas) grundsätzlich verboten. Eine **einmalige Übernachtung** auf offiziellen, öffentlichen Parkplätzen im Wohnmobil - zur Wiederherstellung der Fahrtauglichkeit - ist dagegen fast überall erlaubt bzw. wird meist geduldet, wenn kein Campingverhalten erkennbar ist.

So kann man auf Rast- und Picknickplätzen oder Wanderparkplätzen etc., die häufig zu finden sind, ein Mal übernachten. Anders sieht es aus, wenn es sich um Privatgrund handelt. Dort ist die **Zustimmung des Besitzers/Eigentümers** einzuholen. Das gilt besonders in Bezug auf unsere **Stellplatztipps bei Restaurants** oder **Straußwirtschaften** sowie auf **landwirtschaftlichen Flächen**.

Ist am jeweiligen Stellplatz ein WC vorhanden, benutzen Sie dieses möglichst. Es ist nicht in Ordnung, wenn Gäste die Natur als Toilette nutzen.

Selbstverständlich sind Verbotszeichen jeglicher Art zu berücksichtigen, welche die Nutzung von Parkplätzen zeitlich oder für bestimmte Fahrzeuggattungen regeln. Ein Parkplatz mit dem Zusatzschild nur für „PKW" beispielsweise ist bei strenger Auslegung eben nicht für Wohnmobile zugelassen, auch wenn in der Praxis meist nur erreicht werden soll, dass keine LKW über 7,5 t dort parken. Auf gebührenpflichtigen Parkplätzen haben Sie selbstverständlich die vorgesehene Parkgebühr zu entrichten.

Ein Wort noch zu sogenannten **Wohnmobil-Burgen**. Nehmen Sie den Hinweis ernst, dass Ansammlung von Reisemobilen, die in Wild-West-Manier einen Innenraum bilden, **äußerst ungern gesehen** sind. Sie fallen nicht nur unangenehm auf, sondern ziehen auch die Blicke unliebsamer Zeitgenossen auf sich, die hier etwas zu holen erhoffen könnten.

Solange man sich auf Parkplätzen ordentlich benimmt, **Krach, Behinderungen und Belästigungen Dritter vermeidet**, **keine „Hinterlassenschaften" (vor allem Müll/Fäkalien)** auf oder um den Parkplatz herum liegen bleiben und **keine Wohnmobil-Burgen** gebaut werden, wird in der Regel niemand weggeschickt bzw. gar eine Geldbuße verhängt.

Bitte seien Sie sich bewusst, dass es immer und überall Leute gibt, die das freie Übernachten misstrauisch betrachten und jedes negative Vorkommnis, jede schlechte Erfahrung mit Wohnmobilisten als willkommenen Anlass sehen, ein Verbot für Wohnmobile zu fordern. Es liegt an uns allen, diese Grundregeln zu beachten, damit wir auch in Zukunft unsere Urlaubsfreiheit mobil und aktiv erleben können.

Flora und Fauna

Die klimatischen Bedingungen lassen nicht nur uns Menschen ein Gefühl vom Süden aufkommen. Das geht der Tier- und Pflanzenwelt nicht anders. So ist die Landschaft von einer Vegetation geprägt, die man eher von südlichen Gefilden kennt. Die Pflanzenwelt wird begünstigt von der langen Sonnenscheindauer und relativ geringer Niederschläge. So entstanden im Markgräflerland idyllisch schöne Weinberge, Wiesen, Felder, Obstanlagen und Wälder.

In der Tierwelt fühlen sich viele Arten wohl, da sich das Markgräflerland über verschiedene Landschaftsbilder erstreckt, vom Hochschwarzwald bis hinunter in die feuchten Auwälder am Rhein. So kann man häufig Wildschweinen, Rehen und teils Gämsen begegnen. Immer wieder kursieren auch Gerüchte, dass Luchse zumindest durchwandern, vielleicht aber auch eine Wildkatze gesichtet worden sei, die im Kaiserstuhl wieder heimisch ist.

Auch die Vogelwelt ist vielfältig. Selbst seltene Gäste wie der bunte Bienenfresser, der in Lösswänden brütet, fühlt sich wieder heimisch. Selten, aber noch vorhanden, ist das Auerwild. Dass Sie die Nacht mit musikalischer Unterhaltung der Nachtigall verbringen, ist ein schönes Erlebnis. Auch Meister Adebar macht sich mehr und mehr wieder breit und brütet auf zahlreichen Kirchendächern und -türmen. An den fischreichen Altrheinarmen fühlen sich darüber hinaus Reiher und Kormarane pudelwohl. Der Rhein mit seinen seichten Altrheinarmen hat sich nach der Sandoz-Katastrophe in den 80er Jahren sehr gut erholt und beherbergt mehr als 40 Fischarten. Kurz vor Druckabgabe dieses Buches wurde gar ein Lachs bei Rheinfelden gesichtet.

Wer einmal das bunt schillernde Hautkleid der Smaragdeidechse gesehen hat, einen Hirschkäfer beobachten konnte oder die beeindruckende Gottesanbeterin an einem Halm sitzen sah, kann die Begeisterung nicht verhehlen.

Frischwasser

Im Markgräflerland gibt es zwar nicht viele, aber doch eine ausreichende Anzahl von Wohnmobil-Stellplätzen mit Ver-/Entsorgungsstation, wo Sie gegen Münzeinwurf Frischwasser beziehen können. Zur Not hilft Ihnen auch ein kurzer Besuch auf einem der Campingplätze, wo Sie ein paar Euro für einen vollen Wassertank investieren müssen. Und wenn alle Stricke reißen, fragen Sie nach der Einkehr im Restaurant oder beim Einkauf im Bauernladen nach, ob man Ihnen mit ein, zwei Kanisterfüllungen frischen Wassers behilflich ist. Ein kleines, angemessenes Trinkgeld kann im Gegenzug nicht schaden. Aber an Wassermangel braucht im Markgräflerland niemand zu leiden.

Gasversorgung

Grundsätzlich richtet sich dieses Buch an Urlauber, die ihren Kurzurlaub im Markgräflerland verbringen. So dürfte dieses Thema eine eher untergeordnete Rolle spielen. Ist doch mal Not am Mann und eine Flasche leer, wird kein großes Problem daraus. Sofern Sie eine gängige, graue Gasflasche mit 5 oder 11 kg Füllmenge haben, finden Sie in den größeren Orten (Freiburg, Bad Krozingen, Müllheim, Neuenburg, Weil am Rhein etc.) Händler für Campingzubehör oder Baumärkte, die volle Flaschen im Tausch gegen Leerflaschen herausgeben. Auch Gäste aus Holland und Österreich, die das gleiche Flaschensystem an Bord haben, bekommen kein Problem.

Für den Fall, dass Sie aus anderen Ländern, besonders aus der nahen Schweiz oder aus dem Elsass kommen, sollten Sie ein Euro-Anschluss-Set an Bord haben (im Campingfachhandel erhältlich) und können so ihr System mit einer deutschen Flasche ausstatten. Auf jeden Fall sollten Sie schon zu Hause dafür sorgen, dass Sie mit vollen Gasflaschen starten.

Es gibt auch ein ausreichend dichtes Netz von Tankstellen, die LPG-Gas anbieten, sodass auch die Inhaber von Gastanks und Gastankflaschen problemlos über die Runden kommen.

Gesundheit/Ärztliche Versorgung/Apotheken

In allen touristisch interessanten, vor allem aber in den größeren Orten gibt es Allgemeinmediziner, teils auch Fachärzte.
Mit ambulanten Stationen ausgestattete Krankenhäuser finden Sie vor allem in Freiburg, Bad Krozingen, Müllheim und Weil. Fragen Sie bei Bedarf vor Ort die Einheimischen nach der nächsten Adresse, wo Ihnen geholfen wird.

Haftungsausschluss

Wir haben sämtliche Routen und Stellplätze selbst und teils mehrfach recherchiert bzw. überprüft. Dennoch können Verlag und Autor nicht ausschließen, dass etwas übersehen wurde oder sich nach Drucklegung des Buches Veränderungen ergeben haben, beispielsweise Parkverbote, bauliche Veränderungen etc. Aus unseren Stellplatzbeschreibungen kann kein Rechtsanspruch auf die Nutzung durch Wohnmobile abgeleitet werden. Unsere Leser sind selbst dafür verantwortlich, offenen Auges zu reisen sowie jeweilige Verbote und Restriktionen sowie jegliche Veränderungen, die im Buch nicht erwähnt sind, zu beachten.

Jegliche Haftung diesbezüglich oder für bewusste oder unbewusste Zuwiderhandlung gegen jeweils geltende Rechtsvorschriften, Verbote usw. lehnt der Verlag deshalb ab, es sei denn es kann grobe Fahrlässigkeit oder Vorsatz nachgewiesen werden.

Dies gilt auch bezüglich der angegebenen Links zu Homepages verschiedener Einrichtungen und Stellplatzanbieter. Gemäß Urteil vom 12. Mai 1998 hat das Landgericht Hamburg entschieden, dass man durch die Angabe eines Links die Inhalte der gelinkten Seite ggf. mit zu verantworten hat. Dies kann allerdings - so das Gericht - dadurch verhindert werden, dass man sich ausdrücklich von diesen Inhalten distanziert. Wir haben auf verschiedenen Seiten dieses Buches sowie auf unserer Homepage Links zu anderen Seiten im Internet angegeben.

Wir betonen hiermit ausdrücklich, dass wir keinen Einfluss auf Inhalt und Gestaltung der Seiten haben, auf die wir verweisen. Wir distanzieren wir uns hiermit ausdrücklich von den dort angegebenen Informationen und machen uns deren Inhalte nicht zu Eigen. Dies gilt im gleichen Umfang für alle Links auf unserer Homepage und für die in diesem Buch angegebenen Hinweise zur Website Dritter.

Haustiere

Grundsätzlich gilt, wie überall in der Europäischen Union, dass Sie den europäischen Heimtierausweis mitführen müssen, um nachweisen zu können, dass Ihr Haustier alle empfohlenen bzw. vorgeschriebenen Impfungen erhalten hat und den vorgeschriebenen Chip eingepflanzt bekam.

Ansonsten empfehlen wir dringend, für die „Hinterlassenschaften" Ihres Vierbeiners geeignete **Hundekotbeutel** mitzuführen, damit die unangegehmen „Tretminen" beseitigt werden können. Wenn Sie ein paar Beutel auf Vorrat mitnehmen, sind Sie immer auf der sicheren Seite und für den regelmäßig vorkommenden „Entsorgungsfall" der Hinterlassenschaft Ihres Hundes gewappnet. Die zugeknoteten Beutel entsorgen Sie in den vorgesehenen Behältnissen, notfalls auch über für die Öffentlichkeit aufgestellte Mülleimer. Unterlassen Sie bitte die leider immer häufiger sichtbare Unsitte, den Beutel mit Füllung „diskret" am Wegrand oder hinter einem Baum abzulegen. So schwer ist Fifis Notdurft nicht, dass man sie nicht ein Stück mit sich tragen könnte, bis ein Mülleimer gefunden ist.

Beachten Sie, dass örtliche Vorschriften häufig Leinenpflicht innerhalb des Gemeindegebiets vorschreiben. Generell sollte ein Hund immer angeleint sein, wenn das Risiko besteht, dass er seinem Jagdtrieb folgt oder für die Gesundheit bzw. Hab und Gut Dritter zur Gefahr werden könnte. Welcher Hundebesitzer kann schon die Hand für seinen Begleiter ins Feuer legen nach dem Motto „Mein Hund macht das niemals ...".

Ein Tipp, den Sie hoffentlich nicht benötigen: Tierklinik Scherzingen, Lindenstraße 29, 79238 Ehrenkirchen-Scherzingen. Tel. +49(0)7664-60466, Offene Sprechstunde: Mo 10-12 h, Mo-Fr 15-18 h, Sa 9–11 h; Terminsprechstunde (nur mit Termin) Di-Mi 10–12 h, Fr 10–12 h und nach Vereinbarung. Bei NOTFÄLLEN, telefonisch rund um die Uhr erreichbar !
Mehr Info: www.tierrettung-freiburg.de

Hofläden

Zahlreiche landwirtschaftliche Betriebe bieten ihre frischen Produkte ab Hof an. Auf der Liste der zu verkaufenden Waren stehen Obst und Gemüse, Wein und Säfte ganz oben.

In Baden gibt es aufgrund der speziellen Rechtslage hunderte von Bauernhöfen, die ein vererbbares Brennrecht haben. So entstand eine unglaubliche Vielfalt an Obstbränden, Trester und Hefeschnäpsen.

Hinzu kommen in vielen Hofläden individuell Käse, Fleisch- und Wurstwaren (sofern Viehhaltung gegeben oder ein anderer Hof als Lieferant auftritt) und frisch gebackenes Bauernbrot, meist aus dem eigenen Holzofen.

Einige dieser Hofläden bieten zugleich **auf Anfrage und in Verbindung mit dem Einkauf** und je nach zur Verfügung stehendem Parkplatz die Möglichkeit, den Abend und die Nacht auf dem Hofgelände im Wohnmobil zu verbringen.

Wer dieses Angebot wahrnimmt und sich im Hofladen mit den nötigen Frischwaren versorgt, hat beste Voraussetzungen für das leibliche Wohl gesichert - sowohl zum Abendessen als auch zum Frühstück!

Kleidung

Natürlich hängt es in erster Linie von der Jahreszeit ab, mit welchen Kleidern Sie reisen. Zu allen Jahreszeiten sollte gute Regenbekleidung, winddichte Sachen und gutes Schuhwerk an Bord sein.
Im Sommer genießen Sie am am Oberrhein durchaus mal brütende Schwüle bei 35° C und mehr. Um das zu erleben, brauchen Sie nicht in die südlichen Urlaubsländer zu fahren. Selbst „tropische Nächte" mit über 25°C sind im Hochsommer nicht selten. Berücksichtigen Sie das auch mit Blick auf die

Ausstattung Ihres Bettes. Ein Leinentuch reicht in warmen Sommernächten oft aus. Es leistet gute Dienste dabei, den Stechmücken ihre Blutsaugerei etwas schwerer zu machen.
Wandersachen inkl. leichter Wanderschuhe sollten an Bord sein, die schweren Bergschuhe können Sie für Ihre nächste Reise in den Hochschwarzwald oder in die Alpen schonen. Individuelle Sportbekleidung darf natürlich nicht vergessen werden, ebenso wie Badesachen - es sei denn, Sie suchen eh den beschriebenen Campingplatz für Naturisten oder einen der Baggerseen auf, an denen oft bzw. zumindest an bestimmten Abschnitten der „Naturbadeanzug" (zu Deutsch: FKK) üblich oder geduldet ist.

Klima/Wetter/Reisezeit

Im Markgräflerland können Sie gut und gerne zu jeder Jahreszeit Urlaub machen.
Der **Frühling** mit angenehmen Temperaturen beginnt schon sehr früh. Wenn im benachbarten Schwarzwald, in den nahen Alpen, im Schweizer Jura oder in den Vogesen noch weiße Schneekappen auf den waldlosen Gipfeln leuchten und Sie noch Ski fahren können, blühen unten am Rhein schon Osterglocken, Tulpen und Kirschen. Hier wurde öfters schon bereits im Februar, spätestens aber im März die 20°C-Marke geknackt.
Im **Sommer** sollten Sie die Gelegenheit im Auge behalten, ein paar Meter höher hinaus zu fahren oder zu wandern/radeln, um in den Wäldern Abkühlung zu finden. Prima sind dazu auch die beschriebenen Schwimmbäder und Baggerseen geeignet. Wichtig ist, vor allem im Sommerhalbjahr, guter Sonnenschutz, besonders dann, wenn die Haarpracht auf dem Kopf zu Gunsten des größeren und einprägsameren Gesichts zurückgedrängt wurde.
Der **Herbst** ist häufig noch recht mild. Temperaturen von über 20°C, manchmal sogar 25°C kommen an einzelnen Tagen noch im September/Oktober vor. Der Reiz dieser Zeit ist natürlich das „Herbsten", wie die Weinlese hier genannt wird. Wenn dann der „wirkliche" Herbst Einzug hält, müssen Sie am Oberrhein mit dickem, oft tagelang anhaltendem Nebel oder Hochnebel rechnen. Schön ist dann, dass man einen kurzen „Fluchtweg" auf die Gipfel des Schwarzwalds und der Vogesen hat. Häufig genügt schon die Mühe einer Wanderung auf den Blauen, den Schauinsland oder einen anderen Schwarzwald-Gipfel, um bei strahlendem Sonnenschein hinab aufs Nebelmeer zu blicken.
Der **Winter** kommt am Oberrhein meist mit wenig Schnee (wenn überhaupt) und gemäßigten Nachtfrösten daher. Strengen Frost unter -15°C gibt es im Rheintal eher selten, wenn er auch nicht auszuschließen ist. Das erkennen Sie an immer zahlreicher werdenden Hanfpalmen, die eine beachtliche Größe erreichen, im Januar/Februar 2012 aber doch arg zu leiden hatten. Wenn Teile Deutschlands im Schnee untergingen, konnte man in den letzten Jahren am Oberrhein oft Spaziergänge auf der grünen Wiese machen. Um richtigen Winter und eine geschlossene Schneedecke zu genießen, muss man meist hinauf in den - allerdings nahen - Schwarzwald fahren.
Seien Sie uns nicht böse, wenn bei Ihrem Aufenthalt alles anders kommt. Auf den Wetterverlauf können wir ja keinen Einfluss nehmen. Wir können aber guten Gewissens behaupten, dass Sie hier im Südwesten Deutschlands hinsichtlich des Reisewetters auf der bevorzugten Seite des Landes stehen. Der Begriff „Toskana Deutschlands" sagt diesbezüglich eigentlich alles. Dass mit Ihringen der wärmste Ort und mit Freiburg die wärmste Großstadt Deutschlands nur knapp nördlich unseres geschätzten Markgräflerlandes liegen, unterstreicht dies deutlich.

Konuskarte

KONUS ist im Südwesten der Republik ein Zauberwort, das Ihre Urlaubskasse kräftig schont. Sobald Sie in einem Ort mit dem KONUS-Zeichen übernachten, erhalten Sie bei Ihrem Gastgeber oder in der Tourist-Information für den Übernachtungspreis und die Kurtaxe Ihre Konuskarte. Mit dieser nutzen Sie Busse und Bahnen im Geltungsbereich kostenfrei. Das gilt übrigens auch für Ihren Ausflug ins nahe und sehr schöne Basel (Endstation Basel BadBf). Mit Ihrer Anmeldung bei Ihrem Gastgeber erhalten Sie die Schwarzwald-Gästekarte (Kurkarte). Ist diese ist mit dem KONUS-Symbol versehen, so wird sie - neben vielen anderen Leistungen - zum Freifahrschein.
Die Beiträge für die KONUS-Gästekarte werden vom Gastgeber übernommen oder sie sind durch die Kurtaxe abgedeckt. Die KONUS-Gästekarte gilt im eingetragenen Zeitraum Ihres Aufenthaltes in allen Bussen und Schienenbahnen der teilnehmenden Verkehrsverbünde als Fahrausweis für die 2 Klasse. Deshalb macht es durchaus Sinn, sich nicht immer nur dem „Sparzwang" zu unterwerfen und kostenlose, freie Übernachtungsplätze aufzusuchen.
Noch Fragen? Fragen Sie Ihren Gastgeber nach dem Konus-Prospekt oder suchen Sie im Vorfeld Ihrer Reise Netz unter
http://www.schwarzwald-tourismus.info/content/view/full/3102

Lebensmittelversorgung

Ausdrücklich ist festzuhalten, dass fast alle größeren Orte über einen Lebensmittelmarkt der gängigen Handelsketten verfügen, den Sie mit Ihrem Reisemobil erreichen können. Doch haben wir uns vorgenommen, unsere Frischwaren vor Ort in einem der zahlreichen Bauernläden einzukaufen.
Nicht, dass wir den Handelsketten die Qualität des Sortiments absprechen würden. Doch ist uns daran gelegen, Sie von der Qualität und Frische der vor Ort und in saisonaler Abhängigkeit angebotenen Landprodukte zu überzeugen. Es muss nicht sein, im Lebensmittelmarkt Äpfel aus Neuseeland zu kaufen, wenn nebenan der Verkaufsstand des benachbarten Bauern Ware bester Qualität zum häufig sogar günstigeren Preis verspricht. Und nur, weil ein Apfel mal einen kleinen Fleck aufweist und damit nicht mehr in die EU-Norm passt, muss er längst nicht schlecht schmecken - im Gegenteil!

Literatur/Landkarten, GPS-Navigation

Wer viel wandert, radelt, Nordic Walking etc. betreibt, sollte sich im Vorfeld im Fachhandel geeignete Literatur besorgen, wobei der Maßstab des Kartenmaterials und der Detaillierungsgrad der Karten entscheidend ist (Maßstab 1:25.000 oder 1:50.000).
Fürs Auto fahren eignen sich die gängigen Landkarten der großen Landkartenverlage im Maßstab 1:200.000 oder 1:250.000 am besten.
Die Büchlein vom Bergverlag Rother sind wie immer auch hier hilfreich. Wanderfreunde sollten sich den Rother Wanderführer „Rund um Freiburg" (vorauss. ab Sommer 2012) bzw. „Süd-Schwarzwald" und ggf. das Wanderbuch „Schwarzwald - Wandern & Einkehren" besorgen.
Zudem sind vermutlich die meisten unserer Leser mittlerweile mit einem mobilen oder fest eingebauten Navigationssystem unterwegs. Deshalb sind sämtliche Stellplatztipps mit GPS-Koordinaten versehen. Überprüfen Sie anhand der Handbücher Ihres jeweiligen Systems, wie Sie die Schreibweise der

Koordinaten auf das von uns verwendete Format Breite/Länge hddd°mm'ss.s'' einstellen können.
Wenn Sie sich ein Navigationssystem zulegen, sollten Sie darauf achten, dass Daten aus externen Systemen importiert werden können (PC-Anschlussmöglichkeit) und die Eingabe von Koordinaten möglich ist. Lassen Sie sich beim Fachhändler zeigen, wie das funktioniert.

Notruf

Landesweit gilt aus allen Netzen als Notrufnummer:
110 als Polizeinotruf
112 für Feuerwehr/Rettungsdienst.
Die Rettungs-/Notrufleitstellen von Polizei, Feuerwehr und Rettungsdienst sind miteinander vernetzt, sodass eine Verwechslung der angegebenen Rufnummern nicht weiter schlimm ist. Am anderen Ende werden Sie an die richtige Stelle weitergeleitet.
Für Ihren Notruf merken Sie sich bitte die „**5 W´s**"
Wer meldet?
Wo ist etwas passiert?
Was ist passiert?
Wie viele Verletzte gibt es?
Welche Verletzungen liegen vor?
Bevor Sie auflegen, warten Sie bitte auf Rückfragen der Rettungsleitstelle, damit in der Aufregung keine Information verloren gehen.

Reisevorbereitung

Einen wichtigen Teil zur Vorbereitung Ihrer Reise haben Sie mit dem Kauf dieses Buches schon erledigt. Wenn Sie nicht nur die Stellplatztipps, sondern auch die einleitenden Hinweise und diese Infos von A-Z lesen, sollte eigentlich nicht mehr viel anbrennen.
Auf die Notwendigkeit guten Kartenmaterials fürs Wandern, Radeln sowie zum Auto fahren etc. wurde schon hingewiesen. Beachten Sie auch die Tipps für die Reisegarderobe und Sportausstattung.
Je näher Sie sich am Rhein mit den feuchten Auwäldern befinden, desto wichtiger wird die Mitnahme eines Mückenschutzmittels, mit dem Sie sich einreiben können. Lassen Sie sich, ebenso wie zum Thema Sonnenschutz, in der Apotheke oder Drogerie beraten.
Dazu, aber auch zu zahlreichen anderen Fragestellungen, gibt Ihnen die Werbegemeinschaft Markgräflerland sehr gerne Auskunft. Diese erreichen Sie wie folgt:

Werbegemeinschaft Markgräflerland GmbH
Wilhelmstraße 14
79379 Müllheim
Tel. 07631-801-502
Fax 07631-801-508
info@markgraefler-land.com
www.markgraefler-land.com

Hilfreich sind auch die Websites der jeweiligen Ortschaften und Städte.
Auch die Schwarzwald Tourismus GmbH bietet unter www.schwarzwald-tourismus.info eine sehr umfassende und informative Website.

Restaurants

Dieses Thema fällt uns leicht - und doch schwer. Sie finden hier einen bunten Strauß an guten, gemütlichen, einfachen, gutbürgerlichen, gehobenen und Spitzenrestaurants. Ganz sicher ist auch für Sie das Richtige dabei! Im Badischen sagt man gerne und oft, man könne in jede Gaststätte gehen und bekomme dort etwas Gutes aufgetischt.

Dass es „Ausrutscher" gibt, wissen wir selbst. Doch wenn Sie unseren Restauranttipps folgen, erhalten Sie einen schönen Überblick über die gastronomische und kulinarische Vielfalt. Weitere gute Restaurants werden Sie vermutlich selbst im Vorbeifahren entdecken.

Grundsätzlich haben wir uns bemüht, solche Restaurants zu beschreiben, in denen nicht nur die „badische Gastlichkeit" zu finden ist und möglichst heimische Produkte verarbeitet werden, sondern vor allem ein passender Parkplatz, der **auf Anfrage beim Personal und nach Einkehr** für eine Übernachtung im Wohnmobil geeignet ist. So ist es eigentlich jammerschade, dass das eine oder andere Restaurant unerwähnt bleibt, obwohl es der Qualität wegen genannt werden sollte.

Eine Besonderheit ist der Besuch in der einen oder anderen **Straußwirtschaft** (Straußi/Strauße), die **saisonal geöffnet** ist (meist im Frühjahr von ca. März bis Juni und im Herbst von August bis November). Die Öffnungszeiten variieren stark, weshalb wir in den Stellplatztipps darauf hinweisen, wohl wissend, dass dies sich von Jahr zu Jahr ändern kann. Erkennungszeichen ist ein mit Stofffähnchen geschmückter Besen, der auf die geöffnete Straußwirtschaft hinweist.

Auf der Karte steht das, was Feld und Weinberg des jeweiligen Bauernhofes hergeben. Sie erhalten ein bodenständiges, schmackhaftes und preiswertes Essen, dazu einen guten Wein aus dem eigenen Keller (oder wenigstens von der örtlichen Winzergenossenschaft), selbst gemachten Apfelsaft usw. Es werden hier vorwiegend die Straußwirtschaften beschrieben, bei denen eine Übernachtung im Wohnmobil möglich ist - natürlich auch hier **nur auf Anfrage und nach Einkehr**. In den meisten Fällen geht das ohne Berechnung von Stellplatzgebühren.

Wir möchten, dass Sie einen „Metzgergang" vermeiden können und nicht ausgerechnet am Ruhetag oder außerhalb der jeweiligen Straußen-Saison den Weg zu einer Strauße oder ins Restaurant auf sich nehmen. So geben wir bei all unseren Restauranttipps neben GPS-Daten, Adresse und Anfahrtbeschreibung auch die Rufnummer/eMail-Adresse an. **Damit können Sie vorab Kontakt aufnehmen**. Achtung - Tischreservierung in Straußwirtschaften ist eher unüblich, auch wenn fragen bekanntlich nichts kostet. Doch der Hinweis, man möchte gern zum Essen kommen und anschließend im Wohnmobil übernachten, kann kein Fehler sein.

Schließlich wäre es schade, wenn Sie einen Weg umsonst auf sich nehmen, um vor Ort festzustellen, dass der Parkplatz heute rettungslos überfüllt ist und Sie mit Ihrem Mobil einfach keinen Platz finden.

SchwarzwaldCard

Den ganzen Schwarzwald zum Sparpreis erleben! Die SchwarzwaldCard ist Ihr persönlicher Schlüssel, mit dem Sie die ganze Vielfalt des Schwarzwalds kennen lernen können und das zu einem sehr günstigen Kartenpreis. Mit ihr erhalten Sie an drei frei wählbaren Tagen freien Eintritt zu 125 Attraktionen im Schwarzwald.

Die Saison startet in der Regel am 01.04. und endet am 31.03. des Folgejahres. Der Verkaufstart ist am 01.04. Info entnommen aus: http://www.schwarzwald-tourismus.info/service/schwarzwaldcard

Sehenswürdigkeiten

Was wir aus subjektiver Betrachtung für interessant erachtet haben, wurde in einem hellgrauen „Infokasten" oder im Text zusammengefasst und häufig mit einem aussagekräftigen Foto ergänzt.

Unser Eindruck: In manchem Dorf der Region staunt man, welch interessante Objekte erst auf den zweiten Blick oder durch Nachfrage bei Einheimischen entdeckt werden können. Es gibt zahllose Häuser, Kirchen, Museen, vielleicht auch ein Feldkreuz oder einen besonders markanten, knorrigen Baum, die auf Ihren Besuch warten.

Der **Oberrheinische Museums-Pass** ist Ihre Eintrittskarte für mehr als 230 Museen in Deutschland, Frankreich und der Schweiz. Ab Ihrem ersten Museumsbesuch haben Sie mit dem Museums-Pass ein Jahr lang freien Eintritt in die Dauer- und Sonderausstellungen der Mitgliedsmuseen (Ausnahmen vorbehalten). Und bis zu fünf Kinder unter 18 Jahren können gratis mit ins Museum, auch ohne verwandtschaftliche Beziehung.

Besuchen Sie mit dem Museums-Pass spannende Ausstellungen, machen Sie lange Spaziergänge durch romantische Schlösser, Burgen und Gärten oder gehen Sie nur mal kurz ins Museum, um einen Blick auf Ihr Lieblingsgemälde zu werfen!

Info entnommen aus der Website http://www.museumspass.com

Toiletten/Toilettenentsorgung

Gehen Sie bitte sehr bewusst und sparsam mit der Chemie um, die Sie Ihrer Campingtoilette beigeben. Natürlich wissen wir um deren Vorteile - üble Gerüche werden unterdrückt, und auch eine gewisse Reinigungs- und Pflegewirkung kann den Chemikalien nicht abgesprochen werden.

Es geht aber auch ohne Chemie! Rüsten Sie Ihre Toilette mit einer Absaugeinrichtung aus, dann ist die Geruchsbelästigung zuverlässig gebannt. Schließlich vermeiden die Chemikalien nicht nur Gerüche. Sie verhindern den natürlichen Prozess der Zersetzung der Fäkalien, dessen Folgeprodukt die nicht eben gut riechenden Gase sind. Dieser Effekt ist eigentlich nicht sinnvoll. Die natürliche Zersetzung ist wichtig, gerade wenn die Brühe am Ende via Kanalisation in der Kläranlage „eintrifft" und die Chemie dort zum Angriff auf die Bakterien bläst, die im biologischen (Vor-)Klärbecken eigens gezüchtet werden.

Ob und in welcher Menge Sie Chemikalien verwenden (auch wenn „natürlich abbaubar" usw. drauf steht), müssen Sie selbst entscheiden. Wir appellieren nur an Ihr Umweltgewissen. Dazu gehört der Hinweis, dass das Verrichten der Notdurft hinter der nächsten Hecke oder Mauer mit umherliegenden „beschrifteten" Toilettenpapierstücken als Folge oder gar das Entleeren der Campingtoilette dorthin eine Riesensauerei ist!

Befänden wir uns nun in einem wenig erschlossenen Landstrich ohne Ver-/Entsorgungsstationen, wäre für eine Campingtoilette ohne Chemie das Entleeren in ein zuvor ausgehobenes, mindestens 50 cm tiefes Loch biologisch und hygienisch vertretbar. Bevor Sie mit Klappspaten und im Schweiße Ihres Angesichts den Graben gebuddelt haben, sind Sie längst an der nächsten Entsorgungsstation angekommen. Nutzen Sie die in unseren Texten erwähnten Entsorgungsstationen und investieren Sie auch mal eine Münze dafür. Die Umwelt und andere Reisende nach Ihnen werden Ihnen dankbar sein.

Wer sich daran nicht hält, schädigt nicht nur die Umwelt. Er leistet einen unnötigen Beitrag zur Sperrung von Parkplätzen für Wohnmobile.

Achten Sie darauf, die WC-Kassette nicht erst dann zu leeren, wenn die Füllstandsanzeige „rot!" anzeigt und das wichtigste Geschäft des Tages unerledigt bleiben muss, weil die Spülung nicht mehr funktioniert. Eine halb volle Kassette ist leichter. Und beim Entleeren lässt sich das Ding auch besser handhaben. Da die Entleerung des WCs an Entsorgungsstationen oft kostenfrei ist, bietet es sich auch an, das „Grauwasser" aus dem Abwassertank zum Ausspülen der WC-Kassette zu nutzen. Die reinigende Wirkung von Duschgel, Spülmittel & Co. ist auch in Bezug auf die Reinigung der WC-Kassette nutzbar. Und - nur wenn alle Stricke reißen - eine Campingtoilette kann man zur Not schon auch mal in ein normales Klo entleeren. Aber bitte hinterlassen Sie es (mindestens) so sauber, wie Sie es angetroffen hatten. Beseitigen Sie alle Spritzer und Spuren sorgfältig, die auch bei ruhiger Hand nun mal nicht immer ganz vermeidbar sind.

Wir wissen um die Tatsache, dass es nicht Ihre Lieblingsbeschäftigung ist, die Toilette zu entleeren. Daher unsere Anregung, öffentliche Toiletten, das WC in Supermärkten oder Restaurants etc. zu benutzen. Was erst gar nicht in der WC-Kassette landet, muss man auch nicht entsorgen.

Übernachtungsplätze

Bewusst haben wir vermieden, unsere Stellplatzvorschläge zu sehr in standardisierte Stellplatzkategorien mit Sternen oder ähnlichem einzuordnen. Wir unterscheiden lediglich zwischen **Campingplatz - Wohnmobilstellplatz - Restaurant mit Stellplatzmöglichkeit - Hofladen mit Stellplatzmöglichkeit - Weingut mit Stellplatzmöglichkeit - Parkplatz**.

Wenn wir solche Plätze aufführen, erhalten Sie die GPS-Koordinaten, eine Beschreibung der Zufahrt und eine kurze Information, was Sie an Ausstattung vorfinden werden. Aus unserer Erfahrung wissen wir, dass unsere Leser unterschiedliche Vorlieben bei der Wahl des Stellplatzes haben. Bevorzugen die einen den ruhigen Wanderparkplatz mit Ruhe und Einsamkeit, ist anderen der Komfort eines Campingplatzes wichtig. Dazwischen liegt die große Anzahl derer, die einen „offiziell" ausgewiesenen Wohnmobilstellplatz suchen, der mit der nötigen Infrastruktur wie Wasserversorgung und Entsorgungsstation, meist auch Stromanschluss, ausgestattet ist.

So haben wir möglichst zahlreiche Plätze aller Kategorien gesucht und gefunden, damit den vielfältigen Wünschen unserer Leser Rechnung getragen wird und jeder den Platz seiner Wahl finden möge.

Beachten Sie: Wir verstehen den Wohnmobiltourismus und unser Buch niemals als Freibrief, das Wohnmobil an jeder möglichen (oder unmöglichen) Stelle abzustellen, auf Wiesen oder sonst abseits offizieller Parkplätze und Wege zu parken oder dort zu übernachten. **Fahren und Parken abseits offizieller Wege, Straßen und Parkplätze ist verboten!**

INFOS A-Z

An dieser Stelle geben wir deshalb noch einmal den Hinweis auf die Tipps, die wir unter „Freie Übernachtung" zusammengefasst hatten.

Alle in diesem Buch beschriebenen Stellplätze wurden mit unserem Wohnmobil vor Ort recherchiert. Liegt der Stellplatz auf Privatgrund, so haben wir mit den jeweiligen Eigentümern bzw. Betreibern gesprochen und das Einverständnis eingeholt, dass jeweils die einmalige Übernachtung im Wohnmobil in Ordnung geht. Doch **muss** es für jeden Besucher selbstverständlich sein, **Stellplätze auf Privatgrund nur dann zur Übernachtung anzusteuern, wenn man vor Ort mit dem Eigentümer spricht und das Einverständnis einholt**. Wenn es möglich ist, geben wir Rufnummer, eMail-Adresse und Website an. Dieses Buch und die darin genannten Stellplätze berechtigen nicht dazu, einfach und ohne individuelles Einverständnis des Grundeigentümers auf die genannten Parkplätze zu stehen und diesen Service als Selbstverständlichkeit in Anspruch zu nehmen.

Bei Straußwirtschaften und Restaurants, aber auch bei Weingütern und Hofläden ist es häufig eine schöne, uns lieb gewordene Praxis, dass den Gästen und Kunden des Hauses keine Stellplatzgebühr in Rechnung gestellt wird. Bitte nehmen Sie Rücksicht auf die Belange und die Privatsphäre Ihrer Gastgeber und honorieren Sie deren Stellplatzangebot mit einem angemessenen Trinkgeld, einem Obolus in das vorhandene Spendenkässchen bzw. mit der Bezahlung der etwaigen Stellplatzgebühr.

Wandern

Im Markgräflerland wurde ein hervorragendes Wanderwegenetz eingerichtet, dessen Unterhaltung sich die Gemeinden und Tourismusvereine, der Schwarzwaldverein und andere Organisationen und Vereine angenommen haben. Es wurden erhebliche Summen in die Wegmarkierung investiert. Zudem wurden Informationstafeln angebracht, mit denen wir historische Hintergründe, Angaben zu Flora und Fauna oder Details zur Landschaft und deren Geologie erhalten - alles kostenlos! Davon profitieren wir als Gäste im Markgräflerland jeden Tag aufs Neue und sollten deshalb unseren Beitrag zur Erhaltung all dessen leisten.

Eine Bitte dazu: Sollten Sie Beschädigungen an Informationstafeln und Markierungen entdecken, melden Sie dies bitte bei der jeweiligen Tourist-Information. Sollten Sie jemanden entdecken, der mit Vandalismus zugange ist, machen Sie bitte ebenso eine umgehende Meldung, gegebenenfalls auch bei der zuständigen Polizeistelle. Dort nimmt man sich dessen gern an und sorgt für die Behebung des Schadens und erforderlichenfalls dafür, dass der Verursacher zur Verantwortung gezogen werden kann.

Die in den Literaturtipps erwähnten Rother-Wanderführerseien seien auch an dieser Stelle nochmals empfohlen.

Weinbau

Die beschriebene Region ist klimatisch sehr bevorzugt und liegt zudem im Regenschatten der Vogesen. Das ergibt, zusammen mit sehr guten Böden, eine besonders gute Grundlage für den Weinbau. So werden hier sehr viele hervorragende Weine angebaut und ausgebaut. Mehr und mehr werden von den Winzern auch hohe Ansprüche an die Nachhaltigkeit und den Schutz der Mikroorganismen gestellt. So bleibt die „chemische Keule" zwar nicht gänzlich außer Gebrauch, aber sie wird bewusst und eben mit Blick auf den Schutz der Umwelt eingesetzt. Bio-Weingüter und solche, die bereits das Siegel „Ecovin-Weingut" tragen dürfen, verzichten dagegen gänzlich auf die Chemie und setzen stattdessen auf natürliche Düngung, Zucht von Nützlingen etc. Auch, wenn das einen höheren Preis verursacht, sollte es Ihnen ein paar Euro mehr wert sein, wenn Sie ein paar Flaschen des guten Markgräfler Weines kaufen oder genießen möchten.

Viele Weingüter bieten individuelle Besichtigungen und Weindegustationen an. Nehmen Sie die Gelegenheit unbedingt wahr. Unser Buch enthält zahlreiche Tipps für Stellplatzmöglichkeiten bei Weingütern und Winzergenossenschaften.

Ein paar Worte in eigener Sache zum Schluss

Die Buchreihe MOBIL & AKTIV ERLEBEN - WOHNMOBIL-Reiseführer lebt von Erfahrungen aus der Praxis für die Praxis. Wenn Sie Hinweise und Vorschläge geben können und möchten, wie wir die Bücher entsprechend Ihren Vorstellungen noch besser gestalten können, kommen Sie bitte auf uns zu.

Wir sind gerne auch offen, wenn Sie Interesse haben, die Buchreihe zu erweitern. Wenn Sie sich mit den eingangs festgehaltenen Unternehmensgrundsätzen identifizieren und selbst kreativ werden möchten, können Sie als Autor eines solchen Wohnmobil-Reiseführers aktiv werden. Sprechen Sie uns einfach an.

Sie erreichen uns am besten **per eMail unter**

verlag@mobil-und-aktiv-erleben.de

Weitere Hinweise auf interessante Aspekte dieses Verlages sowie auf das wachsende Angebot von Büchern dieser Reihe finden Sie im Internet unter **www.mobil-und-aktiv-erleben.de**. Dort können Sie sich informieren, für welche Bücher wir gerade recherchieren.

Und Sie können sich für unsere aktuellen Informationen anmelden. So sind Sie immer informiert über all das, was wir gerade recherchieren und über wichtige Neuigkeiten in und zu unseren Büchern.
Unser Online-Buchshop bietet die jeweils aktuellste Übersicht über unser Buchprogramm und interessante zusätzliche Literatur.
Mit diesen Hinweisen sind Sie gut gerüstet für einen erholsamen und erlebnisreichen Urlaub.

Und nun wünschen wir allseits eine gute Reise!

Platz für Ihre Notizen ...

... und für Ihre Verbesserungs- oder Ergänzungsvorschläge:

Lust auf mehr?

www.mobil-und-aktiv-erleben.de

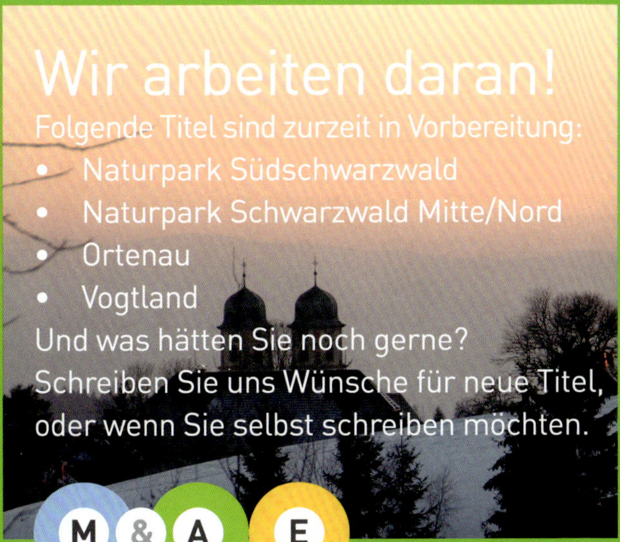

Wir arbeiten daran!

Folgende Titel sind zurzeit in Vorbereitung:

- Naturpark Südschwarzwald
- Naturpark Schwarzwald Mitte/Nord
- Ortenau
- Vogtland

Und was hätten Sie noch gerne?
Schreiben Sie uns Wünsche für neue Titel, oder wenn Sie selbst schreiben möchten.

M & A E

MOBIL & AKTIV ERLEBEN

Stichwortverzeichnis

INDEX